笛廼舎閑話

ふえのやかんゎ

中谷　明

檜書店

口絵　撮影・吉越　研

まえがき

なぜ東大の経済を出て能楽の笛方になったのか、としょっちゅう聞かれた。いやになってしまうくらい。でも、もっともだ。こんなのは東京帝大始まって以来他にいないだろう。以前小鼓方で東大出の方がおられたが、この方は国文科ご出身で定年まで大学教授と二足の仕事をしておられた。他にやはり東大経済を出られ、当流に御名を連ねておられる方、この方は経済学者として優秀な実績を持たれ著名な方であられる。

私の経歴、なぜ?の問いの答えは、この拙文の何箇所かで書いた。御覧頂ければ、と思う。そう簡単な理由ではない。父の考えとの経緯、就中《なかんずく》父の考えを無にせず、しかも私の行き方を通そうと言う、或る意味欲張った調整で生きてきたのが、私の人生とも言える。それも終末に近付いた。

昭和二十五年に寺井政数師に入門し、三十三年、森田流職分免状を受けた。これまでの舞台生活で、特に老女物は『檜垣』『伯母捨（姨捨）』をやらせて頂いた。ある人が「君はラッキーボーイだな」と言われたが、まさにその通り、幸せだった。ただ一つ、「職分」の免状を受けた時は、まだこの世界に疎《うと》く気が付かなかったが、普通は「師範」になり、中々「職分」にはなれないと聞く。これについては師のお考えが何かあられたのかと、私は憶測するのみ。

この本は、私が米寿を迎えるに当たり、過去『観世』誌に三年に亘り連載させて頂いた駄文を中心に、一本を出版させて頂く事とした。まことに僭越《せんえつ》な話であるが、老人の戯れとお読み捨て頂きたい。

第二章にあたる部分は、今回書き足したものである。特に戦争末期と終戦直後の事は書きとめておきたかった。戦後、能界の復活については深く追求したいと思い、努力したが何しろ資料に乏しく、私の手許には、昭和二十一年に能楽協会が刊行した『能』誌も能楽書林の『能楽タイムズ』も全部は揃っていない。不十分な資料を基にしたので、我ながら不満だし申し訳なく思っている。

なお、表題の「笛廼舎閑話」は『観世』誌に書き始めた当時の社長、檜常太郎氏の御発案だったと思う。「ふえのやかんわ」と読むのだろうが、その由来の御説明はなかった。

明治の文豪に「嵯《さ》峨《が》之《の》屋《や》御《お》室《むろ》」がおられる（私はこの人を「嵯峨廼舎」と記憶していた）が、これがヒントとは、ちょっと関連性が薄い気がする。しかし、この随筆をスタートさせていただいた檜氏を偲び、この表題をそのまま使わせていただくことにした。

笛廼舎閑話

目次

口絵
まえがき

笛廼舎閑話

戦争末期から終戦、復興へ

笛廼舎閑話

北米走り書

旅行好きなくせに、生来照れ屋で臆病癖なのがわざわいして、外国旅行は苦手なのだが、今年（昭和六十一年）三月、半ば強制的にニューヨークまでひっぱり出されたと思ったら、五月には喜多流能楽と野村家の狂言のおともをして、北米を二十日近く走りまわる羽目となった。

アメリカの壮大な風景、出会った米国人の感受性の豊かさは忘れ難い。ニューヨーク、その何物をも無雑作につつみこんでしまう大らかさ、ボストン、その古き街のたたずまい、サンフランシスコ、その明るさ、ともかくアメリカは色々な面で大きな国である。

行きがかりで、話はその五月の北米公演にもふれさせて頂きたい。『観世』誌に、他流の公演のことを書いてもよかろうかと尋ねたら、「当誌は超党派です」まあ、能楽一般の話としてお読み願いたい。

五月七日、シカゴ大学での公演を皮切りに、ミネアポリス、ワシントン、ボストン、サンフランシスコ、とまわり、五月二十日のロサンゼルスで打ち上げ、という強行軍であったが、幸い、事故、病人皆無、しいていえば或るホテルでダブルベッドの部屋を割り当てられてとび出してきた某々氏が居た程度で、しかも六都市十公演のすべてが、大入り満員という大盛況であった。喜多節世団長以下主メンバーの下準備が、十分行き届いていたのであろうし、各地の主催の方々の御尽力の賜物であろうが、人口の少ない田園都市でも一回千人以上の超満員の観客が、二晩にわたり熱心に観能されたし、各地とも観客はほとんど米国人の方々なのに、そのマナーが実に素晴らしい。公演中は静粛で、演者が全員舞台からひいたところで、万雷の拍手が起こる。

いったい米国人の能楽に対する関心は、こんなにも高いものなのだろうか。いわゆる東洋的な「わび」「幽玄」といったイメージに対する漠然とした憧憬でも、「エキゾチック」なものへの単なる興味でもなく、彼等の関心の対象は、純粋に「能楽」そのものと解してよいのだろうか。

外人とあまり親しく接したことがなかったので、ちょっとしたことで、感覚の差に面くらうことがある。日本大使館のレセプションの席上でのこと、老外人が、「お前の笛はすべてアドリブか」「冗談じゃない、すべてきちっと定まったことを吹いておる」「さよか」考えてみると、『葵上』の、「祈り」という、打楽器の拍子と笛のそれとが合わない曲だったから、音階、リズムの合った洋楽に馴れた耳には異様に聞こえたのかもしれない。

外国演能の効果を考える場合、選曲が大いに問題になるのは当然だが、今回は、『巴』と『忠度』の半能、『葵上』『黒塚』(観世流の『安達原』)、狂言が『船渡聟』『痩松』という組み合わせであった。丁度《ちょうど》同じ時期にあった、パリでの演能から帰られた方の話では、『砧』が出た由、「分かってくれましたか」と尋ねたら、前にも上演されているし、ストーリーもよく分かってくれる、むしろ動きが派手でも、筋の漠然とした曲のほうが受け入れられにくいのではないか、ということであった。

今回の場合、丁寧な英文の解説書と、能楽研究家の、リチャード・エマート氏の行きとどいた解説が各公演毎にあり、観客は少なくともストーリーの理解に苦しむことなく、観賞できたと思う。狂言の方々にしてみると、セリフで笑いを取る曲を選び難いもどかしさはあるのかもしれないが、能、狂言ともに、むしろ選曲と下準備とに十分時間をかけることこそ必要なので、例えば六、七月の二期会、藤原歌劇団公演の如く、舞台の一角に字幕スーパーをつける、等も一工夫であろう。そうした配慮がととのえば、我々はただ、日本の能楽堂で勤める、そのままをひたすら演ずるのみである。

ヨーロッパの人と米国人とは、多少感覚が違うかもしれないが、彼等は共通して舞台芸術の見巧者であり、日本人よりはるかに沢山の数と種類の舞台を観ている様だ。ニューヨークに行った時、短時間ながら、ミュージカルを出来るだけ観ろとすすめられ、ブロードウェイに三晩通った。私は全くの門外漢で、ただ踊りの烈しさ、速さ、正確さに驚嘆したばかりであるが、聞けば同じ舞台を何年も連続上映し、それが毎晩満員の由。帰国して、あるロンドン生まれの爺さんにその話をしたら、「なんの、ロンドンはもっとすごい。何千人も入る大劇場に毎晩観客がつめかけて、同じ演目が何年でも続くのじゃ」さんざんお国自慢を聞かされた。それ程観劇好きならば、「前衛芸術にも大きな影響を与えている東洋の古典芸術」には、大いに興味をもって劇場を満員にするのも当然かもしれない。

外人さんは、自分達が今迄培ってきた生活感情、理性で理解できないものにぶつかると、徹底的に、「なぜ?」と追求してくる様で、理屈っぽいと感じたのもそんな所かもしれない。探究心が強い、いい加減に分かったふりをしない、という言い方もできようが、演者にとっては、やり甲斐がある、そして怖い観客ではないか。

余談だが、外国語の上達が日本人より早いのも、一つにはそういった民族性のせいかもしれない。ニューヨークからの帰途、機内でMICHELOBという銘柄のビールを売っており、最後部の乗務員室に日本女性が乗務していたから、「ミケロブ下さい」と言ったら、居合わせた白人スチュワーデス達、口々に「ミケロブ、ミケロブ」と言い合い、「俺の発音がおかしいと、皆で笑っておるな」大東亜戦争生き残りの元愛国少年は、屈辱感を味わいつつ、席に戻るのだが、これは島国のひがみ根性、やがてワゴンを押してあらわれた金髪嬢、「エエ　ミケロブ　イクヮグヮデスクヮァ」

スポーツの話

プロ野球たけなわである。ベースボールを「野球」と訳したのは正岡子規だと、司馬遼太郎氏は書いておられるが、それ程子規は病身ながら野球に熱中したらしく、随筆『松蘿《しょうら》玉液《ぎょくえき》』の中に野球について詳細な記述があり、その一節、「打者《ストライカー》は成るべく強き球《ボール》を打つを目的とすべし。ボール強ければ防者の前を通過するも遮止せらるゝことなし。ボールの高く揚るは外観美なれども攫《つか》まれ易し。走者《ラナー》は身軽にいでたち、敵の手の下をくゞりて基《ベース》に達すること必要なり」

ごもっとも。

東京が廃墟と化した、終戦後の或る夏の日、私は小石川の学校からの帰途、富坂の坂の上で空き腹をかかえて、芒然と座り込んでいた。眼下に後楽園の野球場がひろがり、人影が豆粒のように見えた。プロ野球が復活したのである。入場料を聞いて、これは私でも払えると思い、初めて野球を観た。セネターズというチームが紺色のユニフォームを着ており、大変粋《いき》にみえ、私は気に入った。大下、白木、長持などという選手がおり、苅田、皆川というのは戦前の名手だと、物知り顔に講釈する友人も居たが、チームは弱かった。

大下選手は、川上と並び称された強打者だったが、緻密な川上とは対蹠《たいしょ》的に豪放な性格だった様で、或る試合で、打球がセカンドゴロになったら、バットをかついでスタスタ、ベンチに帰ってしまった。所が二塁手がこれをはじき、それから相手の野手はてんやわんや、ようやく誰かが球を一塁に送ってアウトとなったが、スコアラーはさぞ難渋したろう。セネターズはその後フライヤーズとなり、今はファイターズとして活躍している。

テレビで野球を観戦している時でも私の癖なのか、すぐ我が身にひきくらべて、身を乗り出すことがある。ノックアウトされた先発投手がインタビューされ、練習ですごく調子が良かったので、最初からとばすつもりだったのに、訳の分からぬ中に打たれてしまった、などと悄然としている。私も舞台の前には必ず家で稽古して行くが、調子が良いつもりで、よおし、今日は頑張るぞ、昔の歯みがきのコマーシャルみたいなことをつぶやきながら出て行くと、意外に最初からカスを出したりする。調子が良いと思って、力み過ぎたのであろう。完投勝利投手が、調子はさしたることはなかったが、その分丁寧に投げたのが良かった、と返事していると、いや本当は調子が良かったのに、本人がそれを意識せず、慎重にプレーしたのが良かったのだろう、ともっぱら素人の独断と偏見で、一人うなずき、酒がすすむ。

気になるのは、最近、少しへったけれど、スピードガンで投手の球速を測り、時速百何十キロと、アナウンサーが興奮する。能楽の囃子でも、「本当に早くするんではないんだよ。早く聴かせるのだよ」とさんざん言われ、言われてみると六平太芸談の中にも、『絵馬』の「女体」の囃子で、「作り物の中で胸がワクワクする程だったよ。みんなそんなに早く打って吹いてるんじゃないんだけれどもね。いかにも強く大きくて、そして早く聴こえるんだよ。」

早く聴かせる、というのは、具体的にどういうことか。最近になって少し分かってきたつもりだが、何というのだろう、芸にゆとりがなければできない、つまり物すごく底力の要ることで、やはり名人が揃わなければなし得ることではないと思う。野球でもすぐれた投手は、すごい底力を持っていて、その上で、その球種、球筋の配合、間《ま》のとり方等で、さ程でもない球を、目にもとまらぬ快速球とみせるのではないだろうか。ただ時速何キロを競うなら、火薬でもつめてぶっ放すがよい。いや、他人様の商売のことになると、気楽に筆が運ぶ。

相撲も面白い。これはまた野球と対照的なスポーツで、直径十五尺の土俵の中で、短時間の中に力と技を競う。余程《よほど》の瞬発的な集中力が要求されるのだろう。こういったスポーツは、日本人独特のせっかちな性格から生まれたのではないか。私も無類のせっかちで、トイレにとびこんで、用を足す前に水を流してしまい、これは全く無駄なことである。で、その相撲の話だが、瞬間的に近い勝負のために長期間肉体を鍛え、辛い稽古を重ねるということは、大変な精神力、忍耐力ではなかろうか。

今年の夏場所であったか、千代の富士と北尾（現双羽黒）の優勝争いとなり、優勝の行方は、「どちらが平常心で残りの土俵にあがれるか、にかかっている」という新聞評があった。

相撲のことは分からぬが、土俵も舞台も同じであろう。「平常心」で舞台に出られる、と言う人がいたら、余程無神経で鈍感で、音楽なんぞやる資格のない人である。私事で恐縮だが、私は不器用に加え、人一倍かたくなる方で、昔は何とかリラックスした状態で舞台に出ることは出来ないかと、これは切実な思いであった。しかし今頃になって、ようやく少し分かったのは、リラックスして舞台に出られる訳がない、誰しも舞台では緊張する、大曲、難曲程そうだろうが、その緊張の極限の中で普段の実力がどこまで出せるか、ということである。

先天的に、気が強い人、弱い人というのは勿論《もちろん》あるが、あれは力はあるが気が弱くて、などと監督さんや親方に言われる、そういったタイプの人が、「自分との闘い」に耐え抜いて、じりじりと頭角をあらわしてくるのを見ると、思わず声援を送りたくなる。

その場所、北尾はコチコチになり、何も出来ない中に、千代の富士にあっさり敗退してしまった。まさに、「苦労」の年輪の差であった。

後記　「ベースボール」を「野球」と訳したのは実は子規ではなく初代一高野球部監督中馬庚《ちゅうまかなえ》と聞いている。

酒の話

物書き商売でもないのに、酔狂なことを仕出かして、毎月塗炭《とたん》の苦しみである。広辞苑、漢和辞典、そして仮名遣い、送り仮名を間違えぬ様にと、朝日新聞の用語の手引き、と並びたて、はて、何か物足りないな、と思いつき、ウィスキーのボトルと水、この最後の小道具が利いて、十行と進まぬ中に机上につっぷし、猫に顔をなめられて、はっと目覚めれば、垂涎紙背に透り、こりゃ駄目だ、全部屑篭《くずかご》に投げ捨て、まとめて原稿用紙買い込み、もって洛陽の紙価を高からしむるか。

弱いくせに酒が嫌いではなく、週二回は休肝日を作ろう、などという記事を読むと、どきっとするのだが、意志薄弱にして中々酒を欠かせない。その上齢《よわい》と共に弱くなり、すぐ記憶喪失となる。自分が何をして、何を話したか、覚えていないというのは、非常に不安なもので、前後不覚になるまい、と気にしながら飲むのもせつないものだ。

いずみたく氏も無類の酒好きで、やはりアルコールの摂り過ぎを気にしている。先日も、何とかというノンアルコールビールを見付けてきた。「どうだ、いけるだろ」「いける、本物のビールみたいだ」「時に、これにスコッチの香りの良いのをまぜたら、一段とうまかろうな」「うまかろう」ジャボッと、これでは何にもならない。

氏には焼酎もすすめられた。でもこれはどうも性に合わず、「ショーチューをショッチュー飲むとアルチューになるから、もうショーチューはチューシにしよう、と三回となえてロレツが廻らなければ、その時点で、飲むのをやめる」と、たく氏に書き送り、いわば節酒宣言をしたのだが、これは禁酒ではないので、当人は、今夜は節酒したぞ、と思って寝ても、翌朝、頭がガンガンしたりして、何ともわけの分からぬ飲物ではある。

焼酎が駄目なら、というわけではあるまいが、たく氏夫婦またも当家にあらわれ、今度は、タコスを作って皆で食べよう、と言う。酢の物なら私も大好きなので、早速酒の支度をしたが、後で聞けば、タコスとはメキシコのお好み焼みたいなものだそうで、私は食卓に出されたそれをムシャムシャ食べ、ところでタコスはまだか、などと言い、恥をかいた。太古から洋の東西を問わず、この物狂おしい飲物は、人間ときってもきれぬ関係にあるらしく、酒にかかわる詩歌文学、音楽は多い。

大伴旅人の、酒を讃《ほ》むる歌十三首は、あまりにも有名だが、この万葉歌人の奔放さには目を見張るばかりで、「利口ぶって酒を飲まぬやつの顔をよく見ると、猿に似てらあ」とか、「いっそ人間じゃなくて、酒壺になってどっぷりと酒につかりたいよ」とか、度肝《どぎも》をぬかれる。古今、酒の歌は沢山あるが、これ程豪放なものはめったにお目にかからぬ。

謡曲の中の酒のシーンも数多いが、俊寛が、酒をもちて候、といえば、この島に酒があるのか、あるわけないのに思わずふっとのぞきこむ。酒飲みでなくては分からぬ酒飲みの心情であろう。

酒、で思い出す曲。昭和六年の名画『会議は踊る』といえば、リリアン・ハーヴェイの『ただ一度』が有名だが、共演した好漢、ヴィリー・フリッチの『新酒祭の歌』が私にはなつかしい。おしのびで、ウィーン娘と酒場でデートする場面で歌っていた、ワルツ曲である。バートン・クレーンの、『酒が飲みたい』が流行したのも昭和六年。私の友人に、この歌が大好きで、酔うと、「酒飲みは、酒飲めよ」と手をうち出す男がおり、最近私は、このなつかしいレコードを手に入れた。

能楽の先生方に愛酒家は多い。酔ってバートン・クレーンを歌い出す人はいないが、普段はあまり何もおっしゃらぬ方が、アルコールが入ると饒舌《じょうぜつ》になる方が多いのは、あながち能楽師に限らぬようだが、これが我々にとって貴重な時なので、先輩の芸談が始まり、本音が伺えるのはこんな時である。

もう何十年も昔の話になる。初めて、『隅田川』の御役を勤めた時のこと、帰り道の、ちょっと一杯の最中、お相手をして下さった鼓の先生が「何だい、お前の笛は。コチコチになって、出だしからカスカスいってやがら」。すると、うちの先生が、「笛が弱い、弱い。あれじゃ、最初っから子供が死んでらあ」どうも、大先生方に手きびしくやられ、当方は酒の味など、とんと分からぬ。

昔の先生方に共通していることは、常に、強く、強く、ということで、喜多実先生なども、強くなくちゃいけない。強くなければ能楽ではない、とお口癖であった。ところで、未熟者が強くやれば、どうしても騒がしくなる。昔、シャリアピンの低音がささやく如くそのまま劇場の最後席まで透った、という「伝説」があるが、私の先生も、力強く、それでいてふっくらと豊饒な音色であった。

当方は中々その様には参らぬので、「何だい、やたらやかましいんだよ、騒がしいんだよ。で、その前のは静かな曲だと思って、変にそうっと吹いたりして。いいかい、強いと荒いは違う。静かと弱いは違う。何度言ったら分かるんだあっ」、て、うすうす分からぬではないが、それが出来れば、今頃人間国宝になっとるわい。

しかし、私とて、女房一人、子供を二人、猫を三匹養っている身なれば、芒とばかりはしておられぬ。少しは発奮しなくては。いやいや、おおいに発奮しよう。

よし、私は心を新たにして発奮した。

今宵の酒は旨いぞ。

愉快な仲間

芸術の秋である。高尚、且《か》つ難解な芸術活動にたずさわっている私は、中々忙しい。とても、難しい話はしたくない。もっとも、秋でなくとも難しい話を、めったに私はしない。

能楽の先生方に、釣の好きな方は多い。故六平太先生もその芸談の中で、「行きあたりばったりでもいけませんが、あまり構へがあり過ぎるのは、釣でもよくありません」「山姥の、金輪際に及べり、といふ型、十三のときに深川の木場で釣ってゐて、水の中へおっこって、左の手がヅブヅブとはいってゆく気持を、ふと思ひ出してやってみたのですが、勿論それは写実的にでなく、心持ですが」

故観世左近先生の、これは釣ではないが、葉山での舟遊びのお話。

「一同『カンゼ丸』で海へ出る。キャビンには中村（桃山）小林（静雄）三宅の三氏、船尾には能勢先生、松野画伯、檜常太郎氏と真川。

お家元はアヤのシャツに半ズボン、ヘルメットに色眼鏡といふアッパレのキャプテンぶりだ。手には異様な防水布で出来た手甲がつけられてゐる。

「こりゃあ何んです？」とぶしつけに伺ふ。

「九月になって真黒な手で女物は出来ませんからね」

「成程」と感じ入って了《しま》ふ。

「何にね、首や足は少々黒くなってもマァいいけど、九月早々隅田川でせう。まさかね、真黒な手でシオルのもいいものぢゃないからね」

『謡曲界』昭和十年九月号から抜萃《ばっすい》させて頂いた。流儀を問わず、名人ともなると、釣、遊びの最中でも心得は行きとどいておられる。

私も釣は好きな方だが、貧乏暇無しで、めったに行かないし、行ってもせいぜい東京湾のハゼ釣ぐらいなのだが、今年は久しぶりに豪快な釣行を経験した。

私は、高知に、気のおけぬ付き合いをして下さる、「仲間」といっても良い、気持の良い人達を何人か持っている。総体に南国土佐の人達は明朗で裏表がなく、私の様な単細胞人間でも気がねなく付き合える人が多い。

自動車販売会社の社長のT氏は、のべつ海に出て魚を釣っている。車売らずに油売っているな、と駄洒落を言えば、どっこい石油屋も経営しておられる。H氏は建設会社の社長さんだが、これまた建設的な仕事はあまりせず、T氏と海へ出て魚を追いかけ、鉄砲かついで山を走り、水陸で破壊活動をしている。M氏は神主さんだが、六尺ゆたかの巨漢で、のりとをあげるよりは、力仕事の方が余程《よほど》儲かると思う。そして、世話役は、消防署長さんのK氏、こちらはまた小柄で、自宅が火事になったら、まっさきに逃げ出してそうな人である。女性も数人、中でも小学校以来同級生の、O嬢とY夫人は実に対照的で、一方は夏やせのキリギリスの如く、片方は氷の溶けた氷嚢《ひょうのう》の如くである。

我等のたまり場はホテルN、これは高知で一、二を争うホテルで、難を言えば、キィを差しこんで廻しても気分によって、鍵がかかったり、かからなかったりする。超一流ホテルともなれば、かかる些細な事にはこだわらぬ。

T氏は釣好き、病膏肓《こうこう》に入って、釣舟を新造した。これで大海を走って、と釣自慢を聞かされれば、無性に乗りたくなり、ぜひにとせがんで、ようやく実現した。同行は、船長のT氏と私の他、M氏とH氏。M氏は、アハハ、エヘヘ、などとオ段以外のア行をかわるがわる使って笑う人で、笑う合間に飯を食う。出港した途端に握り飯を二つ食い「このおにぎり、食うても良かですか」返事も聞かずにイヒヒと笑って、私のを持って行ってしまった。その後、ものも言わず昼食用の幕の内をたいらげ、これでは昼食の時どうするつもりだ。

その日の釣はトローリングで、巨大な竿を両舷に出し、各三本の道糸にそれぞれ工夫をこらした仕掛けがつけられ、疑似針である。沖へ出てすぐ大きなシイラがかかり、H氏一気に引きあげる。次々にシイラ、鰹がかかり、私も見真似で糸を引いたが、途中で少しでも糸をゆるめると、魚がバレてしまう。私は五匹バラし、恐縮して小さくなっていた。途中から今度は一本釣の竿でヨコワマグロを狙う。見事に一尺程のマグロが釣れ出し、仕掛けをかえると、こうもかかる魚が変わるものかと私は感心した。

午後二時、船長命令で港に引き揚げ、後片付けをする船長をのこし、車を走らせて五分もたたぬ中、大粒の雨が降り出した。私は、「間一髪だった、実に名船長だ」とほめたたえたが、御両人は、「今頃Tさん、ずぶぬれやね」「イヒヒ」と誠にけしからぬ。

夕方、ホテル二階の超一流料亭に全員集合、今日の獲物を肴に、大宴会となる。我等の仲間でこの日欠席のＩ氏は、県の水泳連盟のおえら方である。欠席すれば酒の肴にされるのは世界の常で、Ｉさんを車に乗せて走っとったら、物凄いのをぶっ放され、それはガスがひろがるというより、かたまりがぶつかるごとあった、とHさん述懐すれば、まっことあれは凄かった、ウフフ、とMさんうなずく。現役時代には、その噴射力で記録を作ったのですかなあ、と無責任にも私。御婦人方も同席しており、ア行ア段で豪快に笑い、食欲には全く差し支えがない。

「時に、わしの仕舞姿はA先生によく似とる。とB先生が言っておられるのを、C君が聞いたそうだ」などと無邪気な自慢話もとび出し、皆こよなく能楽を愛する人達である。

夜も更けたり、山と残った料理を、Tさん、「おかみさん、皆でおあがり」とおおらかな所をみせれば、M氏、「その刺身、折りにつめてわしにおくれんか」

のどもと過ぎれば

馬鹿は風邪ひかない。などといい、私も頭が弱い分、体が丈夫でここまで生きて来たのだが、今度という今度はひどい目にあった。

今日は朝から少々腰が痛いな、と思ったのだが、無理をして自転車で用足しに出たついでに、ペットショップに寄って、猫のトイレの砂だ、缶詰だと重い物を買いこみ、夜は観世会館で、『海士』を勤め、もうこの時、足袋をはくのが辛かった。翌朝五時頃、余りの痛さに目が覚め、起き上がろうとしたが、もう駄目、家人をおこして、椅子を支えに立とうとしたが、全く起きられぬ。どころか、左腰を下にした姿勢から少しでも向きを変えると激痛がはしり、今まで腰が痛むなんて一度も経験なかったから、こんな筈《はず》がない、自分で自分の体が動かせぬなど信じられない、カフカの『変身』等思い出し、ついに起き上がれず。ともかく病院に行かなくては。昔なつかしい寝台自動車を呼び（私はこれに初めて乗った）物々しく担架で運ばれ病院へ。レントゲン室であちこちと向きを変えられ、これまた痛い。それを眺めながら、骨は別にずれていないなあ、あなた尻もちつきましたか。つきませんよ、どこかのジャンボ機じゃあるまいし。何か重い物持ちましたか、さてね、と考えれば、かたわらからかみさんが突然、猫の砂五キロッ、と叫び、医師と看護婦、一瞬呆然となる。

まあ、四、五日安静になさい、と薬を貰《もら》い、また路地の看板を横に眺めつつ帰宅。それはよいが、当夜は国立能楽堂で舞台があり、それが自分でも是非勤めたかった稀曲で、何回かリハーサルも重ねてきた。何としてでも行きたい。と思って、寝床に起き上がろうとしたが、てんで身動きも出来ず、仕方なく御代役の電話をしたが、千載一遇の御役を棒にふり、泣くに泣けぬ。こんな女々しいことを活字にするのも憚《はばか》られるが、実に本年最大の痛恨事だった。

ともかく、少しでも動くと脳天まで激痛がはしる。何くそ、我は日本男子なり、戦時中の苦しみ、痛みを思い出せ。戦中派は、腰の痛みを我慢するにもアナクロで大時代なことを自分に言いきかせる。戦争末期から戦後にかけてのあの苦しさ、あの時は一生忘れ得ないと思っていたが、平和で不自由のない時代が続き、私も安逸《あんいつ》に馴れてしまっていたのだ。痛みに耐えて、じっと欄間《らんま》を見上げると、（私の視野はそこにしかない）そこにかかっている掛額は、まさに数十年前、私が子供の頃病気の都度病床から見上げた、そのままの物である。その脇の床の間には焼夷弾が屋根をぶち抜いて落下した。昭和二十年五月二十五日のことである。

私の母は気丈にその焼夷弾を消し止めてから、私と二人で逃げたが、僅《わず》か数十メートル先の空地へたどりつくまでに、煙に巻かれ何回ももう駄目かと思った。目の前では火だるまになった人が、この世のものとも思われぬすさまじい悲鳴をあげ、ころげ廻っている。油脂焼夷弾というのは破裂するとベトベトの油がとびちり、それが着衣につけば、はらってもとれるものではなく、火だるまになって焼け死ぬ。助けてやりたいが、その人にさわるとこちらも火だるまになってしまうので、冷酷な様だが見殺しにするしかない。実に残虐な武器である。

その前後の数年は私にとって地獄だった。極度の栄養失調による苦痛、中でも体中に腫物が出来、薬などないからドクダミの葉をあぶって貼ると、これはてき面に利くのだが、栄養失調による腫物だから続々と出来、痛くて夜も寝られぬ。栄養失調、とは頭の良い指導者達の作った、転進、終戦、等と同じ体裁の良い言葉で、要するに餓死寸前なのである。私は不勉強で、野坂昭如氏の『火垂《ほた》るの墓』を数年前初めて読み、ボロボロと涙がとまらず、それが旅先の列車の中だったので実に困った。私は運良く空襲の時も家族とめぐり合い、寸前まで行ったが餓死も免れた。でも一歩間違えば私もあの清太と同じ運命だったろう。この苦しみは次代に語り伝えて、戦争の悲惨さを分かって貰いたいと思っていたが、今は残念ながら違う。あれは所詮《しょせん》、経験した者でなければ分からない。昨年、朝日新聞の東京大空襲展があった時、「あんな残酷な写真を見せなくても、私達は戦争の怖さをよく知っている」という投書が掲載されていた。若い御婦人であり、その断定的な語尾に私は憤慨した。何も知っているものか。同新聞のテーマ談話室、「戦争」でも同様、例えば、戦時中の女性のあり方を論じ、これも若い女性の投書だが、その時の軍人の妻の立場、苦しみなどまるで分かっていない。でも私は、それで仕方ないのだと今は思っている。若い人は、戦争中の苦しみなど分かって貰わなくても良い。平和に暮し、戦争などでなく、もっと人類にとって有意義なことにエネルギーを使って貰いたい。ただ不安なのは、いまだに大国が軍備を増強し、殊に核兵器を開発している事だ。核爆弾を作る程頭の良い人達なら、これを使えば地球が滅亡することぐらい分かりそうなものだ。敵国だけほろび、自国は生き残れると思っているのが実に不可解だ。

「戦争ってのはなぜ起こるんだ」「そりゃあ、ある国民がよその国民を侮辱したからよ」「なら俺が戦場にいるこたぁねぇ、だって、おらぁ別に侮辱されたなんて思ってねぇもの」「俺達は祖国を護る為にって、戦場にかり出された。所がフランスの連中も祖国を護る為にってやって来た。一体どっちが正しいんだい」「戦争も闘牛と同じに入場券を出して、音楽をやって、国民的祝典にする。真中に両国の大臣や大将が海水着姿で棒を持って打ち合い、残ったほうが勝ち。この方が余程簡単でいいや」

西部戦線異状なし、が出版されて六十年、人間とはかくも進歩のない生物なのかと、腰痛に身動き出来ぬまま、じっと欄間を眺め、のどもと過ぎた熱さを想い起こし、柄になく少々深刻な思いにひたりつつ、今年も暮れる。

青　春

昔流に言えば、また一つ年をとった。

歴史はくり返す、というが、「今時の若い者は」という言葉ほど、この事を端的に表現している言葉はあるまい。私も若い時には、さんざんこれを言われ、今や何のためらいもなく、口にしたくなる。「五千年前のエジプトの墓から出土した文書にも、今の若い者はなっとらん、と書いてあった」と、これは田辺聖子女史の随筆。

私も、自分が地球の人間とすれば、彼等若者は別の惑星の生物ではないか、と思う様な違和感を持つことがあり、私は彼等を表現するのに「異星人」という単語を考えたのだが、さすが商売人でジャーナリズムは近年「新人類」という言葉を流行させた。でもこれは「今時の若い者」とたいして変わらず、こういう言い方を始めると「ニュー新人類」「ネオネオ新人類」と、きりがなくなるのではあるまいか。新聞にも同じ趣旨の投書があった様に思う。

人生経験を積んだ人が、まだ気配りの行きとどかぬ若い人を見れば一言いいたくなるのも無理はないが、そればかりでなく考え方そのものに基本的に違う所がありそうだ。「従来の価値観にとらわれずに、自分の感性に従って行動する」とは、新人類、を表現する、ある新聞記事。

私には難しいことは分からぬが、少なくとも私等の世代とは、戦争の介在が大きな断層をもたらしていよう。

私等昭和一桁生まれの青少年時代というのは、言い方によっては、実に阿呆らしいもので、忠君愛国から始まって、ぜいたくは敵だ、欲しがりません勝つまでは、とくれば申し分なく、滅私奉公で、こんな言葉を総理大臣や陸軍大臣だけでなく、そこらの八百屋や酒屋のおやじが、街頭で目をつり上げてどなりちらすので、かかぁまでが「愛国婦人会」などというたすきをかけて「パーマネントはやめましょう」とわめきおって、私等少国民は、自分の欲望を外に出すことは悪だ、と思いこまされている。

　それがどうだ。昭和二十年八月十五日を境に、がらりと変わった。忠君愛国のおやじは共産党に入って、赤旗ふりよった。忘れもしない『マッカーサー様』という本を出した爺様がおった。

「おかみ」のやる事にはほんの僅か疑いをはさむだけで、「非国民」とののしられ、一つ間違えば生命にかかわる、と心底恐れおののきていた私達。その私達を放り出して、あんな事は夢だった、とあっけらかんと転向した、無神経どころではない大人共。大人とは何といい加減なものか、と歯ぎしりした少年時代を忘れない。

　そんな経験をへた年代からみれば、今の若い人達は比較にならず自由を享受している。青春を謳歌する、といい、自由奔放に振る舞うのは大いにうらやましい限りだが、一方、青春でなければ出来ないことがある。

　古典芸能というのは、約束事が非常に多い。辛いことだけれど、欺道を志す人は一時期、「覚える」という作業に多くの時間を費やさなければならない。ところで、人間の頭というのはせいぜい二十代のうちまで、ここまでにたたきこまれたことは身に沁みて一生忘れないが、この機を逃したらもう二度と取り返しはつかない。覚えるは難く、忘れる方はいとたやすくなる。これは個人差でなく、人間の脳の細胞の進、退化とはそういうものらしい。

どうも近時、第一に娯楽が大変発達して、テレビの氾濫にびっくりしていたら、ビデオだ、オーディオだ、スキーにスケート、海外旅行だ、と若者を楽しませるてだてはきりがない。

第二に、これは教育水準があがったといえるのだろうか、むやみと大学に行く人がふえて、大学卒業してから、改めて「覚える」仕事に取り組む人は、人一倍の努力が必要であるし、その大学に入るのに、二年も三年もかかっている若者があり、浪人なら受験勉強以外にやることがない、結構な身分なのだから一年間猛烈に勉強すればまず合格しなくてはいけない、それでも入れなければ諦めればよいので、人間必ずしも大学など行く必要はない。人生は先が長く、もっと辛く難しいことに直面しなくてはならないのだから、入試ぐらいでもたもたしてはいられない。

第三に、バイトと称して手軽に金銭を手に入れる機会がふえたこと。これは能楽師の志望者には当てはまらぬと思うけれど、一般的にはバイトに精を出し、稼いだ金でレジャーに精を出す、という若者も少なからずある様で、これでは昔の苦学生という概念ではなく、二重に青春を浪費している。

たしかに、青春の魅力というのは、ロオレライの歌の如く抗し難いものある様で、若い時は二度とない、と言えば、だから勉強しよう、というよりは、だから楽しもう、という方が先に来るので、むしろ制約され放しの若年時代を過した私達より、自由のありあまっている現代の若い人達の方が「修業」は苦しいのかもしれない。周囲にひしめく誘惑をはねのけ我慢して、辛いことに取り組むのは大変なことだ、と同情し、私などとても世阿弥先生の様な、おっかないことは言えないが、何の職業にせよ間違いなく将来のメシのタネになることは、若い中に猛烈にやるが良いので、人生の限られた時期にしか出来ないことを、逃す手はない。

〝少年老い易く学成り難し　一寸先の光陰軽んずべからず〟とは言いふるされた詩で、よく若者へのお説教に使うが、私は、これは作者の悲痛な反省の叫びではないかと思う。勿論、朱熹《しゆき》が不勉強だったというのではなく、努力というのはすればする程、まだ足りなかった、と反省するものらしく、といって私の様な本物の怠け者が年をとると益々反省するから、どちらにしても青春の悔悟はほろ苦い。

子猫物語

ニッパチ、とはよく言ったものだ。二月八月の冬枯れ夏枯れは、昔も今も変わらない。売れない能楽師である私は、いとも暇である。

こたつにもぐりこみ天井のしみを眺め、定年などで家でゴロゴロしている亭主のことを、「粗大ゴミ」と称したかみさんがおったなぁ、けしからぬと思うが、言われてみれば一言もない。まてよ、これは生ゴミではないか、私は生物であるし。しかし、人間としては小柄だがゴミとしては大きいし、粗、については論をまたぬ所であるから、やはり粗大ゴミかな、と真剣に思惟《しい》をめぐらす。というのは、どちらになるかで、街角に出る曜日が違うので。

そこへ当家の母親猫がやって来て、つまらぬ考えはやめろ、と私の頭をボカリとなぐる。この猫は不思議に、なぐる、蹴る、という特技を持っている。そして実に謹厳実直で、いつも背筋をピンとのばして正座している。御近所の教育ママ達が口を揃えて、あの猫を見習いなさい、と我が子に言いきかせている。

　だが、子供達はとんでもないものが揃っていて、ゴキブリホイホイに両手つっこんで身動きできぬもの、ゴキブリを追いかけて逆襲され、とび上がった途端に机に頭をぶつけて失神するもの、つい先日は娘猫が風呂場で騒ぎ廻っているうちに、お風呂の中におっこちた。息子猫は浴槽の蓋《ふた》の上で腕組みをして天井見上げ、食堂でテレビを見ていた母猫が、血相かえてかけつけ、娘猫をひっぱり上げた。

　この母親猫は、いずみたく氏の家で生まれた。この家ときたら、猫の住まいに人間が同居させて頂いているので、当家の猫の親、兄、姉、がゴロゴロしている。当家のは、名前がユニコ、で、たく氏の所には、メルモ、チョコラ、等全部、手塚治虫氏の漫画に登場する名前である。

　ユニコは一昨年の暮、初めて母親になった。今一緒にいる娘猫の名は、プシケ、いずみたく氏の令夫人（これは敬称ではない、単に名前が令子なのである）が命名した。

　息子猫というが、これはプシケのおむこさんにと、知り合いから譲り受けた。お見合いした時には、フレームポイントというヒマラヤン猫には珍しい純白に近いのが貴公子然と座っており、一目ぼれで連れて来たのだが、これが外見に似ずひどい腕白小僧で、プシケの愛人（？）ならエロスだが、呼ぶ度、エロや、エロ、では我が家の雰囲気が乱れるので、やはり手塚氏の名作から、レオ、とした。

レオが家に来た時、家人に御礼の電話をかけさせた所、電話の向うで女性の声、牛のたたきを毎日食べさせて下さい、などと言い、家人仰天腰抜かし、うっとこ、人間かて牛肉、年に一度食うや食わずやでぇ、と家人関西育ち。

ユニコの初産の時は、たく氏の令夫人が大活躍した。私等は彼女を助産婦さんと呼んだが、当時はせめて女官長にしてくれと切望し、急ぎ宮廷会議をひらき、昇格を認めた。で、たく氏は女官長の夫で、九官鳥となった。

ユニコはすごく頭が良く、この女官長こそ自分と自分の子供の死活を握っているとすぐ悟り、少しでも女官長が席を立とうとすると、顔色をかえて小屋から飛びだし、しっかりと女官長にしがみつく。その目付が実に真剣で怜悧《れいり》で、まるで人間と同じだ、と私が言うと、ソノトオリッ、と九官鳥は叫び、ガブッと飲む。

たく氏、子猫達に夢中になり、毎日の様に当家にあらわれ、一度は仕事帰りに、松島トモ子さんを連れて来た。有名な女優さん来訪、と家人興奮、私も喜ぶ。トモ子さん部屋に入るなり、あら可愛い、といきなり母猫をだき上げ、御承知の様に出産直後の母猫というのは気が立っているので私はびっくりし、危ない、危ない、と叫んだが幸いに何事もなく、これでは豹にひっかかれるわけだ。

そのうち、長男猫をぜひ欲しい、とたく氏言い出し、うちには猫がたくさんいるのに、と女官長が渋る。そんなこと言わずにたのむからさぁ、と、何しろ女房達は伝統的に女性上位の家系で、粗大ゴミも九官鳥も、自分のことは自分でせよ、と尋常小学校で教わった通りを、いまだに実行している。

ようやく女官長の許可が出て、長男が貰われて行ったのは正月の三日、今では先方宅のボスとして君臨し、長老猫もおじさん猫も顔色なし、の大活躍で、特技は両手両肢をひろげ、奇声を発してとびおりるので、たく氏はこれをムササビ飛びと称してさかんに自慢するから、私もやってみたくなり、ニューヨークのアパートの十八階から奇声を発してとびおりようとしたのだが、おせっかい焼きがだきとめよって、いまだに残念だ。

血筋は争えず、猫達は音楽が大好きである。いずみたく作曲のレコードを聞かせると、目を細めのどをゴロゴロならして御機嫌になる。『見上げてごらん夜の星を』『夜明けのうた』『夜明けのスキャット』『いいじゃないの幸せならば』『世界は二人のために』といったリリカルな曲は母猫の好みである。『恋の季節』あたりから『手にひらを太陽に』『いい湯だな』そして、『ゲゲゲの鬼太郎』とくれば、子猫共は大喜びで跳ね廻り、ついでに、『チョコレイトは明治』『伊東にゆくならハトヤ』とCMソングも流せば興にのって、猫じゃ猫じゃを踊り出す始末である。幸せそのものの猫一家、子猫達は遊び疲れて寝てしまった。

二階のバルコニィにも猫が一匹寝ている。隣家の飼猫のミイコで、これは純粋の雑種である。ミイコは目に泪を一杯ためて、じっと庭を眺めている。最近、隣家の子供が可愛い子猫を拾ってきた。目をくりくりさせ、いきいきと走り廻り、家族の人気は新顔の子猫に集中した。

ミイコはやわらかな冬の日だまりにうずくまり、泪をこぼしながら寝入ってしまった。

頑固商売

何かもう少し楽にお金を頂ける商売はないもんですかなぁ、けしからん発言が出た。所在ないままに仲間うちでの雑談である。あれはどうだ、これは良い商売ではないか、果ては、何をやっても楽にお金を頂ける商売はないものですなぁ、ある先輩格の感にたえた様な発言で世間話も幕。

たしかに、昔コメディアンが歌っていた様に、サラリーマンは気楽な稼業、とは実際には参らぬだろうし、御自分で事業をなさっている方も大変な御苦労であろう。

してみると、私の商売なんぞはまだ気楽な方かもしれない。とはいうものの、これで中々面白い事ばかりでもない。最近は観世会館でも夜の催しがふえた。その最後の御能になると八時過ぎに始まったりすることがあり、夜の七時頃渋谷辺を観世会館に向かうと、もうあたりはネオンまたたき、若い男女のさざめき、酔漢独特の大きな話声、気の早いのはもう出来上がっているおっさんもおり、こちらは面白くもない、商売道具ぶらさげてトボトボ歩いていると、そんなおっさんの一人、急に何を思ったか私の方へ歩みよる足許もひょろひょろと千鳥足、よっ、あんちゃん、ご機嫌だねって、おおきにお世話だ。

ささやかな悲哀を味わいつつ楽屋に入れば、ここはもう別世界。「ねぇお前、ただ御舞台で何かやりゃいいってもんじゃないよ」亡師の口ぐせで始まるお話はいくつかある。「御舞台に座ったら置物にみえなきゃいけないよ」というのもその一つ。これは難しい。もぞもぞしたり、キョロキョロしたら、これは絶対に置物ならない。こういうことはシテ方は勿論、ワキ方などは厳しくしつけられているであろう。装束をつけての座ったきりは大変だが、地謡も目でシテの動きを追ったりは見苦しいし、扇の上げおろし一つにも全員が整然と揃うのも御能の美を作り出す基だから、これまた御苦労なことである。

またも六平太芸談を引用させて頂くけれど、しっかりした「居グセ」の間を座り通すことがいかに難儀か、座るだけなら最初から足一本折るつもりでおれば我慢できるが、立つ時にぐらっときたらそれで御能一番台なしだ、しかし皆さんはそこまで考えちゃぁ見て下さらない、苦しんでるのはシテ一人、しかし考えてみると皆さんから何の張合いももたれない様な所に一生懸命力こぶをいれている、そこに能の真骨頂があるのでこれがなくっちゃおしまいです、という意味合いのことを述べておられる。

まぁ、私なんぞはとても置物には見えないし、万一置物に見えたとて、私ではせいぜい今戸焼の狸で。

それはさておき、他人様の気づかぬ所に一人苦労する、というのは能楽に限るまいが、たしかに人目につかぬ割りには苦労の多い商売であるなぁと思うことがある。

古い芸能というのは、守らねばならぬきまりごとが多いから、というのも一因かもしれない。なぜこうしなくてはいけないか、と聞かれると色々議論もあろうけれど、例えば、靴下で御舞台にあがってはいけない、等というのは私の考えでは、靴下というのは訳語どおり靴を履く時つけるもので、使用中のそれはあまりきれいとは言い難い、列車の中で靴をぬいで前席に足を投げ出している人を見ると、言い様のない嫌悪を覚える。だから、紺足袋で外から入って来てそのまま御舞台に出ることもしない。

こうしなくてはいけない、ああしてはいけない、と制約でしめ上げるのは封建的かもしれないが、もともとやっている事が古めかしいことで、約束等が厳密に守られているから伝統芸術として生命を保っているとも言える。ああでもいいや、こうでもいいや、では成り立たない。こう言っては何だが、地方の民俗芸能等でさほど感銘を受けない様なものにでくわす事があるのは、その芸の伝統を守る厳しさが絶えたためではないかという気がする。

だから私に言わせれば、能楽というのは頑固で一徹なしろ物で融通が利かない。私自身も寺井政数という人がこんな笛を吹いていた、というのを何とか残したいと思っているから能楽の世界に居るので、残念ながら芸は遠く及ばないけれど気持だけはこんなつもりである。ただ頑固が頑迷《がんめい》固陋《ころう》になってはいけないので、芭蕉の言葉を借りれば、不易流行というか、厳として変わらぬものと、時々のうつろいうともいうべきものとはあろう、この辺が難しいのだろうと思う。

日本人はその民族性として、非常にまじめで勤勉で、その副作用というか、かたくなで潔癖な一面がある様で、悪い方に出るとおかみの定めに忠実で国民精神総動員的馬鹿を仕出かすけれど、伝統芸能を守り抜くという面の律儀さも持っている様だ。

例えば中国の人達は悠久の歴史と広大な大陸に育っているせいか、いい加減というのではなく清濁あわせ飲む茫洋たる風格でこれまた伝統を保っている様に思う。もっとも中には、頑固者もおり、「楚辞」の作者、屈原は懐王に仕える清廉の学者だったが、讒言にあって左遷されるや、滄浪《そうろう》の歌という、何事も成行きにまかせよ、といった言葉にも耳をかさずに憤然として汨羅《べきら》という渕に身を投げてしまう。こんな一徹さは日本人受けするらしく、先年も芝居で上演されたし、端午の節句の起こりは諸説あるが、五月五日に投身した屈原を弔《まつ》ったのが遠い起源ともいい、鯉のぼりは彼を憐れんだ隣人達が紙鯉をたてて祀《まつ》った事に端を発する、と「日本玩具史」の著者有坂與太郎氏はいう。さつきの空に勇壮な鯉のぼりをはためかせた江戸っ子達、あの強情我慢が売り物の連中も屈原の強情っぱりには感嘆したか、呆れかえったか。

死なずとも　よかるべきらに身を投げて　偏屈原と　人は言ふなり　　蜀山人

ローリング療法

昨秋急性の腰痛に襲われ、再発すると大変ですよ、などとおどかされ、何か治療法をと尋ね廻って親戚から紹介されたのが、田園調布の一角にある、このこじんまりとした治療院は、色々なローラーを使って体中を摩擦する方法で幾多の実績を挙げている由。

ベッドに仰臥すると院長が、「くすぐったい所があったら言って下さい」。といきなりローラーで胸のあたりからゴリゴリやり始め、もうどこもかしこもくすぐったい。しまいにはへその下までゴリゴリやられ、私はギャハハととび上って、「先生、私は無類のくすぐったがり屋で、そこは女房にもさわらせんのです」と言うと、「そんなことはまったく関係ないのであります」と院長は平然とゴリゴリを続け、私は金串をうたれた鰻の如くに跳ね廻る。

不思議に回を重ねるうち、そのくすぐったい感じが消えて行く。「くすぐったい所は、中の血がヘドロの如くよどんでいるのであります」と院長先生は言い、私の血管はドブ川の如くらしい。その中今度は痛い所が出てくる。痛い痛いと叫ぶと、「そこは鬱血して要するに血のめぐりが悪いのであります」道理で昔、数学の教師に頭をなぐられた時、すごく痛かった。

院長、私の腹をぐっと押さえて、「カロリーのとり過ぎに気を付けにゃいけませんなぁ」

「しかし先生、私はいたって少食でして、酒は毎晩飲みますが、ビール中瓶一本とウイスキー少々、なに、二日酔する程は飲まんのであります」と私は大うそをつき、院長が疑わしそうな顔付きをされたか、私は目をつぶっていたので分からぬ。

実際、酒というやつ、朝頭がガンガンしている時はもう絶対飲むまいと思うのだが、仕事帰りの日暮れどき、通りすがりにほの明るくあたりを照らす赤提灯など目に入るとどうにも足がとまりそうになり、かくてはならじと目をつぶって通り抜けようと思っても酒の良い香りがするので、目をつぶって鼻つまんで一目散に駆け出すと、酒屋の中にとびこんでしまい、これはまったく落語である。

治療にあたるのは皆若い男性で、非常に礼儀正しく言葉遣いも丁寧で私のような年寄りにもこころよい。そのせいでもあるまいが、来院の方は年輩の御婦人も多く、この方々はゴリゴリやられてもびくともせず、治療師さん相手に、お子さんの話、友達の話、近所で野良猫が五匹子供を生んだ話、私が痛いよう、痛いよう、と騒いでいる最中に実によくおしゃべりになる方もあるがこれをもってここは有閑マダムの社交場である、などと短絡的なことを言ってはいけない。彼女等は数十年の間、夫を助け家を守り子供を一人前に仕上げてようやく人生の一段落を迎えた、そしてあるいはその青春も恋も戦争に踏みにじられた年代の人であるかもしれない。おしゃべりだってストレス解消の一手段である。しかし、よくしゃべるなぁ。

なぜか、若い御婦人もあらわれる。どこが悪いのかなぁと不審に思うが失礼だから尋ねることはしない。大変美しい妙齢の御婦人が治療を受け、さっそうと外車を運転してお帰りになったりする。治療院には、医院の看護婦さんに相当する若い御婦人もおられ、これまた目の覚めるような美人である。この美人が、「どうぞおやすみになって下さい」と私をベッドにいざない、勿論おやすみになるのは私一人である。ここでは患部に電気をかける。ビリビリとくる刺戟も馴れるとここちよく、ついうとうとと寝入ったりし、はい、おわりました、と、かの御婦人に起こされ、まさに目の覚める美人。

かくして私は、製造以来半世紀を超えた我が肉体を、ささやかにオーバーホールしている。

よれよれの千円札を片手に握りしめ、くいいるようにショーケースに見入っている老人。

デパートの大衆食堂の前である。身なりは粗末だが人品さほどいやしからず、定年過ぎて大分になるのだろうか、かつて第一線で活躍した人も老後の生活ままならず、むき出しの紙幣を手につかむ程はしたなくなってしまったのだろうか。戦争にしいたげられ、戦後は経済復興期の尖兵として働き続け、ようやく迎えた老年期であろうに。

私は暗然たる気持になり、食欲も失せてその場を離れた。私の職業も、退職金もなければ勿論老後の保証もない、一度体をこわしたら収入の道も途絶える。でも、それをくどくど愚痴ることは絶対にしない。自分で選んだ職業なのだから。しかし、年とって働けなくなった時、最低限の生活だけはおかみは保証してくれないのだろうか。年金があるではないか、と言われるだろうが、例えば住宅問題はどうなっているだろう。たしかに、狭い島国に一億二千万人の人々がひしめき、しかも過密地帯と過疎地帯が歴然と分離してしまったこの国、無理もないかもしれないが最近の過密地域の地価の異常さはどうだろう。

おかみは強い対策をうつべきだったと思う。普通の収入では中々住居が手に入らず、まごまごすればその住居も買い占め屋に放り出される、そんな不安定な立場に国民をしてはいけない。

年とってからこんな国に住めるのだろうか、と思っていたらシルバーコロンビア計画というのが発表された。いっそ外国で老後を過ごすか。私の乏しい海外経験でも、外国の人達は異邦人に対し寛容で親切であった。しかしそれは旅人の立場で接した外人なので、隣人としてのそれは私にはまったく未知である。言葉も不自由、生活条件も異なる遠国で衰え果て、毎日海を眺めて故国を想うか。俊寛は舞台で演ずるだけでたくさんだ。さりとて、ここで人生おしまい、とみずから終結するわけにも参らぬ。

今年は国際居住年、テレビの画面で秀才然とにこやかに笑う総理大臣様のお顔を眺めてこんな事を考え、今日も私はローリング治療に出かける。長生きするために。

ことばとまげ

最近の若い人は言葉をしらない、日本語が乱れているなどと、近時新聞でも色々な例をとり上げているが、これなんぞも「歴史はくり返す」くちで、私も昔はさんざん言葉遣いがなっとらん、と叱られ、文章を書けば一から十まで直された。

とはいうものの、若い人達の語彙《ごい》の貧弱さは否定できないので、きっとろくに本も読まず、手紙すら書かず、用件は電話、それも要領の悪い長電話をやらかしているのだろう、テレビと電話の普及が言語の貧困をもたらしたのだ。いや、年のせいかつい、若い人の悪口になってしまった。

言葉をたくさん覚えるのは読書が一番なので、私も電車の中で必ず本を読み、読むのは、『鬼平犯科帳』に『三毛猫ホームズ』である。それにしても日本語独特の、漢字かな混じり文というのは実に素晴らしい。これだけのスピードで読解できる母国語をもっている国民はざらにはあるまい。もっともこの読解力の早さをおかみが利用する向きもあり、右折禁止の交通標識の下に、日曜休日を除く、などと書いてあるのを瞬時に読みとって車を走らせる日本のドライバーは実に驚異的である。

標語好きなのも日本人の特色らしく、戦前にも「この土手にのぼるべからず警視庁」の名句をはじめ数々あるが、戦時中は国民に耐乏をしいる標語が次々作られ、ぜいたくは敵だ、というのを、ぜいたくは素敵だ、といいかえてひそかにうっぷんをはらしたりしたものだが、馬鹿な私は学校の帰り道、この言葉を大声で言い、本郷区西片町十番地の角の交番のおまわりに顔の形が変わる程なぐられた。

ともかく、日本語の文章をカナだけで書いたら小説も何も読めたものではない。電報というのは今は慶弔以外はほとんど用いないが、電話が普及する以前は一番早い伝達方法だった。皆電報をうつ時は言葉を選び、簡単で明確な電文を工夫したものだが、カナ文でなるべく短くというので数々の珍談もあり、東京で下宿している学生、お定まりの金欠病になり、金送れ頼む、とうてば、金を呉れた飲む、と読み違えた父親あわてて、ダレニモラッタ　ノムナ

カナといえば外来語の氾濫も最近の特徴で、日本語の乱れの一因をカナ書き外来語の過多のせいにする人もあるくらいである。先日の東京新聞に、外来語表記の見直し、という記事があったが、これも議論すればきりがなく、基本的に発音の違う言葉をいくら原音に近く表記しようとしても所詮「ギョエテとは俺のことかとゲーテ言い」で近似値にしか過ぎない。さりとて、ティ、ディ、はチ、ジ、トゥ、ドゥ、はト、ドにするといわれても、お茶会によばれて、今日はチーパーチーに行ってくるよ、も様にならぬ。

終戦後、ＧＨＱなる米軍総司令部から中国の人の名前も原音で発音するよう指示され、ＮＨＫニュースでチァンチェイシー総統が、といえば蒋介石氏のことであった。放送といえば番組の終りにＮＨＫとコールするのもＧＨＱから発音をやかましく言われたらしく、アナウンサーが、イエヌ、イエイチ、ケエイ、と絶叫し、故エノケン氏がそれをもじって、犬、あっち、行けい、とやらかしたぐらいがせめてもの抵抗であった。

山手は本来ヤマノテとよむが、長い間電車でもヤマテセンになり、最近ヤマノテセンに復活したが、いまだにヤマテと発音する人が多い。これなんぞも私の記憶に誤りがなけれ

ば、ＧＨＱの日本語通と自称するおえら方が、これは山に手である、のの字はどこにもない、と鶴の一声で伝来の読み方を変えられてしまったので、この調子では、平清盛も紀貫之も改名させられるのではないかと心配したが、こちらは何事もなかった。

こんな戦後の混乱期を境に、日本語の読み書きが乱れたのかもしれないが、まだバスに車掌さんが乗務していた頃、渋谷を発車した途端に、次はヒャッケンテン、と女性の車掌さんが言い、居合わせた御老人が、ここはヒャッケンダナですよ、と注意したら何と眉をきっとつり上げて、いいえ、ヒャッケンテンでいいんです、と怒り出し、私も唖然としてしまった。これでは与三郎もお富さんもテンで芝居にならぬ。固有名詞のよみ方は独特なものもあるから読めぬとて必ずしも恥ではないが、このバス会社はどんな社員教育をしたのだろう。

そういえばこれも大分前の話だが、テレビの時代劇で、「吉原のナカマチから○○というゲンジメイで」と、ある高名な女優さんがセリフをしゃべり、これもびっくりした。でもこういった間違いは笑っていられないので、お互い十分に気を付けないと人の言葉の間違いをとがめているうち自分もやらかし、「つまらねへ所で言葉とまげをしやァがらァ」と、『妙竹林《みょうちくりん》話《わ》七偏人《しちへんじん》』になってしまう。

まあ、歌は世につれ、で言葉もそのときどきで変っていくものではあろうが、ウッソォ、ホント、で会話がなりたつのでは余りに情けない。語彙の貧弱な程表現が制約され、折角のその人の人生が狭くなってしまう。どうせこんな会話をするやつは頭がカラッポなんだ、などと私は決して言わないから、言葉を大事にそしてたくさん覚えて使いこなして貰いたいものだ。

手紙を頂いても、拝啓で始まって早々で終るのがあり、前略と書き出して敬具と結ぶのもあり、もう気にしない方がよいとも思うが、意味をよく考えて言葉は大事に使わなくては、とこれは自分自身にも言いきかせる事である。

手紙といえば最近学生さんから頂いたもので最後に、ながながと駄文を「労」し、とあり、学生さんこの手紙を書くのに余程苦労したのだなぁ、と実感がこもっていて私は思わず吹き出してしまい、どうやら私も今月号の駄文を労した。

消えゆく昔

レトロ、という言葉がはやっている。懐古趣味はともかく、回顧談ばかりやり出すようになると、これはもう老化現象の始まりだと我ながら思う。

私の亡父は日清、日露の両戦争も知っている人だったが、絶対に昔話をしなかった。新しがり屋で新聞などで常に新知識、新用語を仕入れてはふり廻すので、時に頓珍漢《とんちんかん》なこともあった。自動車でも戦前にフィアットに乗っていたのが自慢で、戦後はいち早くゼファーシックスという英国フォードを手に入れて乗りまわしていた。

それにひきかえ、私はまったく古いもの好きの古いことにこだわる方で、どうも進歩的ではない。自動車も昭和二十三年型式のシトロエンを手ばなさない。女房も二十五年間いまだに手ばなさない。

我が陋屋《ろうおく》も昭和の年数と共に齢をかさね、これは昭和初期のハイカラ建築とでもいうか、一部洋館造りの父好みの建物だったが、空襲で被害を受けたこともあり老朽化が激しくなった。先日もトイレの雨洩りがひどくなり、それが丁度便器の中に流れ落ちるので、これは都合がいいやと思っていたのだが、いざ用を足そうとすると真上から水洗をくらうのであわてゝとび出し、家人に、おいお前どうしてやった、とたずねると、あたしゃ傘さしてやりました、というので私もその通りにしたのだが、これはどうもあまり風流な図ではない。

自慢の長廊下も今や猫軍団の蹂躙するところとなり、息子猫などは巨体をゆるがせ地ひびきたてて走り廻り、母猫が、猫というのは足音をたてるものではありません、と注意するのだが新猫類にはまるで通用しない。

特に二階は長年使っていなかったので傷みがはげしく、二階の住人の息子二人は悲鳴をあげ、押入から朝日が昇って押入に夕日が沈む、という。これは押入の壁と柱にすき間が出来て外が見えるのである。私はなんと風流な事だと感嘆したのだが住人達は女房を味方にひき入れ、押入から太陽を出没させない人民運動、というのを展開し、ついに私は生誕以来戦中戦後と数々の想い出深い陋屋を断念することになった。

生まれて初めて住宅展示場なる所に足を踏み入れた私達は、その外観と中の設備の豪華さに驚嘆し、そのお値段に度肝をぬかれ、セールスマン達のエコノミックアニマルぶりに悩まされ、あっという間に月日がたってしまった。

新工法の連中は、その新技術がいかに優秀で利点があるかをまくしたて、在来工法のセールスは新工法の欠点を洗い上げ、中には現代の教育方式論までぶち上げる人もいた。いわく、最近は猫も杓子も大学までいくようになった。従って昔は小さい時から修業して一人前の職人になったものが、今は本当の職人が育たない。だから一定規格の材料を揃え、マニュアルに従って組立てれば誰でも作れるような工法が発達した、これが新工法である。論の是非はともかく職人の世界にも時代の波は押し寄せているのであるなぁと、私は他人事ならず謹んで拝聴した。

散々彼等にふりまわされたあげく、私は業《ごう》をにやして近所の大工さんに建築をたのんでしまった。セールスマン達はひっくり返って怒ったが、これは私の関知する所ではない。出来上った設計図はごく平凡な木造二階建の居宅で、私は十分満足し、もうこれで死ぬまで家を建てることはない。

引越しも初めての経験である。六十年近くの間に溜まりに溜まった品々は、家具から食器類にいたるまで数も多いが想い出も多い。思い切って捨てなければ駄目だぞ、と自分にも家人にも言い聞かせて整理にとりかかったのだが、足らぬ足らぬは工夫が足らぬ、欲しがりません勝つまでは、で育った人間なのでさっぱりはかどらぬ。

少しばかりの、親の形見ともいうべき物は勿論残す、使わなくなって久しい子供机、ベビーだんすなどは問題なく捨てる。困るのは、なくても別に差支えないが捨てるのは少々惜しい、といった中間的な価値の物が圧倒的なので、捨てる残すの議論で毎日大騒ぎである。考えてみると我々人間共も同じことで、人類にとってかけがえのない重要人物というのは数少ないし、あいつは箸にも棒にもかからないよ、というのは更に少ない、大方は平々凡々と巷に生きて、いざという時は捨てられまいとおろおろする我々御同様の中間層である。

ガラクタの山を前に思案投首《しあんなげくび》の私達の所へあらわれた引越し屋さんは、実にあざやかなものであった。手際よく庭にシートを敷き段ボールを組立てて品物を詰め、実によく働く。夕方ちょっとしたトラブルがあった。中国人留学生のアルバイト青年がもう帰りたいと言い出した。今夜中に自分も下宿を引越すことになっており、次の人に明け渡さなければならない、とたどたどしい日本語で話し、日本人のチーフは厳然と宣言した。言葉が不自由で事情がうまく話せなかったのは気の毒だが君の業務は終っておらず、君はまだ帰ってはいけない。中国人青年は頭をかかえて仕事をやめてしまった。しかしチーフは大家さんの電話番号を調べて丁寧に事情を説明し、たまたま大家宅に居合わせた次の借手と話し合い、すっかり話の片付いた中国青年は見違えるように晴ればれとしてまた仕事を始めた。

私は若いチーフの、仕事に対する毅然たる態度と、中国青年の個人的事情についての、思いやりのある適切迅速な対応に感心し、心中叫んだ。いまどきの若い者も中々やるじゃないか、こりゃこれからの日本もまんざら捨てたものじゃないぞ。すっかり嬉しくなった私はウイスキーのグラスを傾け、最後の夜をこころよく熟睡した。

そして、仮住まいに移って三日目、旧居を訪れると、私の昭和史はあとかたもなく姿を消し、そこには解体会社のおばさんが一人、黙念と後片付けをしていた。

おけらのためいき

深夜、ふと目が覚める。そのまま寝付かれぬどころか目が冴えてきて、私の一番嫌な時が来る。こんな時きまって私は昔の失敗談ばかり思い出すのである。頭の弱いくせに変に昔のつまらぬことを覚えているので、これがまた必ずしくじった話ばかりで、幼稚園の学芸会でセリフをトチッたことから始まり、まぁこんなのは無邪気な回想だが、長じてからの失敗の記憶はただ先立たぬ後悔あるのみ、五十何年人間をやっていれば一つや二つ功名談ぐらいありそうなものだが、不思議に皆無。なぜあそこであんなことを言ってしまったのだろう、なぜあんなことをやったのだろう、とひたすらくよくよするのは余程女々しい性格なのだろうか、それより金箔つきのウルトラドジで、やる事がまともに成功したためしがない、というのが真相らしい。

少年時代、というのは、大きくなったら兵隊さんになって天皇陛下の御為に死ぬんだ、と無批判に教え込まれていた時代、同じ軍人でも飛行機に乗って大空を馳せ廻る颯爽たる我が勇姿を胸に描き、なに、運動神経無類に鈍い私にそんな事が出来よう訳もなく、これは夢に終ったが夢でよかった。いずみたく氏などは戦闘機乗りを志して本当に勇躍陸軍幼年学校に入ってしまい、もう少し戦争が長引けば間違いなく特攻隊で出撃し、氏のことだから二日酔でふらふら飛び上がり、敵艦隊のはるか手前でグラマンにガンとやられてそのまま星の王子様ならぬ、酔の明星。

『星の王子様』といえば、サン・テグジュペリも飛行士で、『南方郵便機』『夜間飛行』『戦う操縦士』等の名著があることは衆知のとおりだが、彼は第二次大戦でフランス解放戦線に従軍、ロッキードP38ライトニング機で出撃中、地中海上で消息を絶った。このライトニングは双発双胴、異様な形の戦闘機で、山本五十六元帥搭乗の一式陸上攻撃機を撃墜したランフィア大尉もこの機に乗っていた、と、どうして私も少年時代の飛行機熱は名残りをとどめている。

とはいうものの、何事につけとことんマニアになりきれないのが私の中途半端な性格らしく、大相撲が始まったといってはテレビにかじりつき、野球が始まれば後楽園にとんで行き、さりとて何ノ山が何部屋なのか、何選手の背番号が何番なのか、ろくに知りはしない。

阿川弘之先生の『南蛮阿房列車』などという作品を拝読すると、その乗物に関する知識の該博さと、乗物を追いかけまわす執念とに薄気味悪くなるといっては申し訳ないが、これぞマニアの極致と驚嘆してしまう。

人間を類型化するのは非常に危険だが、昨今はマルチ人間とも称される、何でもやってみよう式人間がふえ、芭蕉の、無能無才にしてこの一筋につながる、といった型は旧式人間なのかもしれない。私も旧弊な人間なので、「この一筋」の求道者的生き方に惹かれぬわけではない。世阿弥先生の言葉をかりるまでもなく能楽などはその最たるもので、能楽にたずさわる者は他の事に手出しは無用のことと思う。思うのだが、一方でもっと広く世間を眺めたい、という気持もある。これは複数の職業を持つというのとは若干違うと思うのだけれども、例えばサン・テグジュペリが飛行士で作家であったように、医師で作家、或いは歌人、また犇人で作家、といった人達がおり、しかもすぐれた業績を残しているのをみると、天は二物を与えるのであるか、と感嘆の念を禁じ得ない。

プロフェッショナル、というのは私にとっても千金の重みを持った言葉なので、色々な訳し方があろうが、私は「これでメシが食える人」と考えている。何の職業でもこれでメシを食うのは容易なことではない。実際、原稿用紙に文章を書いて口を糊する、というのは想像するだにすさまじいことで「筆は一本也、箸は二本也、衆寡敵せず」と慨嘆した明治の文人の言葉もむべなるかな、である。

憚りながらこの「筆」を「笛」におきかえても同様で、竹の横笛一本で世渡りするのもこれまた気楽には参らぬことである。してみると複数の肩書を持つ人達の精神構造は一体どうなっているのだろう。思うに、芭蕉もその人生を通して視野は広く才能は多岐に亘っており、それが俳諧の一筋に結集したのであろうし、また飛行機を操縦し、患者を診察するその人の日常生活の中で観察し、聞きとり、感じとったもののおそらくすべてが文学となって噴出したのではなかろうか。いずれにしても、ごく限られた、特別表現力に恵まれた人達であることに間違いはあるまい。

余談だが、サン・テックスの作品は勿論、たとえば新田次郎氏の『蒼氷』などは作者の「もう一つの職業体験」がすさまじくも筆に描き出されていると思うし、渡辺淳一氏の『富士に射つ』などもそういった一面を感じさせる、と、これは私なりの素人考えである。

職業をとわず誰しもその生活の中で体験して行くものは同じ様な事象だろうと思うのだが、それを流出させず自分の中に蓄積してしかも適確に表現するというのは、どんな些細な事も鋭く見逃さぬ眼とそれに心をうたれる繊細な感性を備えた人達に違いない。私はそういった人達に強い憧憬《しょうけい》の念を抱き、そして無神経に自己の人生を浪費し、他人の生き方から学びとる謙虚さを失なうことをおそれる。

蔡邕《さいよう》いわく、螻蛄才《けらざい》。おけらという虫は、飛ぶ、よじのぼる、泳ぐ、掘る、走る、と五つの才能を持っているが、皆中途半端でどれ一つまともに出来るものがない。我に五才なく、おけらにも劣り、しかもただ一つしかない職業にも、プロフェッショナル、と自負する程のものなく、ひたすら菲才を恥じるのみ。

『観世』の貴重な誌面を汚して一年、くれぐれも芸談をぶち上げぬ様にと自戒し、芸事に関係ない馬鹿話をものしては反省し、千鳥足で十二回目を迎えた。『観世』誌と読者の皆様の御発展を祈りつつ筆を擱《お》き、今夜も深更に目覚め、そして目が冴えることだろう。

中学時代

「蛍の光」は敵国のメロディだ、と禁止され、何やら訳の分からぬ歌をうたわされて本郷区西片町の国民学校を卒業し、小石川区駕籠町の都立第五中学校（現小石川高校）に入学した昭和十九年春、米英との戦局は既に著しく不利になっていた。五中の入学試験に面接があった。

試験官、「水と空気ではどちらが比重が重いか」

私は「空気」と答えかけてあわてて「水」

試験官すかさず、「なぜかね」

「はい、部屋の中では指一本で立つことは出来ませんが、お風呂の中では指一本で体を浮かす事が出来ます」

馬鹿でも死物狂いになると思いもよらぬ知恵が出るものだ、試験官感心、かくて居ならぶ秀才に混じって勇躍入学したのだがこのカボチャ頭の知恵はこれででがらし、今や還暦に近付いて私は標準を大きく下まわり、見事にボケ老人候補生となりはてている。

この駕籠町の校舎に私達は一年といなかった。翌二十年三月の大空襲でこの古ぼけた校舎はあとかたもなくなり、一時私達は集団疎開で児童のいなくなった、付近の明化国民学校に間借りをした。

しかし、この僅か一年程の間が今から思うと私達の中学生活のささやかにも生徒らしい唯一の時期であった。

戦争は益々烈しく、不利になり、食物も衣類も底をつき、五中の背広にネクタイというリベラルな制服も勿論みられなくなったが、我等一年坊主は元気に勤労動員に従事し、戸田橋の川べりの農場でゴリゴリの味のなくなった冠水芋をかじり、無邪気に満足していた。

私が裏日本の田舎に疎開、痩せ衰え栄養失調の腫物だらけの体で東京に戻った時、五中は滝野川の造兵廠跡のバラックで授業をしていた。そして更に小石川竹早町の小石川工業高校の校舎に間借り生活をし、ここで私達は卒業の日を迎え、ついに駕籠町に戻ることはなかった。

戦後の学校というのはもう大混乱でなにしろ皇軍、聖戦、天皇陛下万歳で徹して来たのがガラリと変わって碧眼紅毛達の顔色を窺《うかが》う有様だ。その中で今も忘れられないのはKという兵隊帰りの英語の教師、非常な努力家で或る時予習をしてこなかった生徒を立たせて、俺はゆうべ徹夜で今日の授業の下調べをした、教える方が猛勉強して教わる方がノホホンとしているとは何事だ、と怒り、私は感心したが、今多少お弟子さんにお教えする立場になってみると、ひと様にものをお教えするというのは大変な勉強を要することである。

生徒の方も多士済済、旧満州の引揚者等編入生は生え抜きの我々と多少毛色の違う感じだったが優秀な人もおり、Mという教室で口もきかぬ変り者だったが噂では三年の時旧制一高を受けて合格し、学歴不足がバレて取消されたというのだが、三年で受験手続が出来たのだろうか。

旧制中学は五年制だが、四年で旧制高校の受験が出来、優秀な生徒は四年でおさらばする。

私等のクラスでは狂言方の野村万作氏、内閣法制局長官の工藤敦夫氏等数人が四年進学の秀才組であった。

万作氏は学業優秀、運動神経も抜群、特に俊足で、或る時校庭で彼とぶつかった相手がコノヤローッとどなろうとした時にはもう向うの方に行ってしまったので、あわててアノヤローッと言い直した程なのである。

二年上のクラスには野村万之丞（現・萬）氏と作曲家のいずみたく氏がおられ、万之丞氏は芸大に進まれたが、いずみ氏に至っては、まず戦闘機乗りになるのだ、と陸軍幼年学校に進み、戦後復学してからは演劇に凝って、文化祭では照明係等をやり、はては、女優がおらんぞ、筋向いの都立第二高女（現竹早高校）へおしかけて女学生をかり受け様とし、俺、不良学生と間違えられてつまみだされた。なに、間違えられたのではない、旧制女学校の女教師の目からはかかる行為は全く不良なのである。

この時は私と同じ国民学校出身のSという男が、イェーツの『砂時計』の主役を演じ、その陰鬱でニヒルな演技は一部の専門家達からも評価を受けたのだが、彼は惜しくも早逝し、今でもSの弟さんといずみ氏と私は六本木の酒場で彼を偲び、酔いつぶれるのである。

いずみたく氏が前田武彦氏等と鎌倉文化アカデミーに進んだ時、担任で化学の教師、あだ名をロンコンという、これは実に古ぼけたフロックコートを着ているので、ロンドンの乞食の風体はかくもあらんと付いた名だが、この先生に御両親は呼び出され、名門五中からかかる芸人の学校へ行くのは前代未聞である、などと散々お説教をくらったそうだがこのお父上は浅草っ子のペラゴロで、手拭いぶらさげてベアトリ姐ちゃんなんぞうなりながら朝湯へ行こうというお方で、ロンなんとかのお説教なぞ屁でもない。

このお父上は、昭和六十一年三月ニューヨークでたく氏作曲の「能管と室内楽団の為のコンチェルト」を私とNYシンフォニックアンサンブルが共演するその日に亡くなられ、御葬儀の際には当日の演奏のテープが流されて私は感激した。

私に肉体的、精神的に大きな損害を与えた、あのいまわしい戦争も遠い昔となり、少年時代私が日露戦争を昔と感じた以上に今の若い方には遠いものになってしまった。

実際、あの戦争は育ちざかりの私を餓死寸前まで追い込み、今でも私は脆弱な体である。そして鬼畜米英からマッカーサー万歳へと大人共の無節操な豹変ぶりは私の幼い純粋な愛国心に消え去ることのない深い傷をつけ、今も私の心の根底には拭いきれない人間不信がある。

その中で都立第五中学校はその校風自由豁達《かったつ》、秀才ひしめきながら私の様な鈍才も仲間はずれにされず、卒業生には閣僚も居れば芸人も居る、極めてユニークな公立学校で暗い記憶しかない私の少年時代の想い出の中の唯一、心のやすらぎなのである。

旅行けば

『羽衣』それは極めてポピュラーで初心者向きの、とっつき易い曲のイメージだろう。たしかにこの曲はそれだけの普遍性を備えている。分かり易い筋、豪華な唐織と長絹、美しい舞。ところが、この曲の良さをそれなりに演出してみせるのは、実は大変な努力を要する、というのは……。いや、のっけから講釈めいて恐縮、私とてたまにはまじめくさった書き出しをするのである。

昭和五十四年から文化庁他主催の移動芸術祭という地方巡業の催しが始まった。平素日本の古典芸能に接する機会の少ない方々の為に、歌舞伎、文楽から寄席芸能にいたるまで御紹介しようという意図らしい。能楽部門も勿論その一環として活躍している。

昨年十一月、私は初めてこれに参加させて頂いた。

シテは野村四郎師、地謡は武田志房師他、いずれも今をときめく観世流の花形揃い、配するに全然ときめかぬ私がひょこひょこ同行するのが地方巡業の皮肉にも面白いところ、加うるに日頃お相手することがあまりない、東京在住以外の能楽師の方々と御一緒できるというのも数少ないチャンスである。

今回のワキは名古屋の西村欽也師、端然とした紳士で丹前の似合う私なんぞと大違い。囃子方は、小鼓の野中正和師、太鼓の金春国和師は東京組だが、大鼓はこれも名古屋在住の大倉流・筧鉱一師、狂言は京都の茂山忠三郎師他という顔ぶれ。

曲がその『羽衣』で、「和合之舞」という小書（特殊演出）がつく。これは御存知の方には蛇足だが、羽衣を返して貰った天人が喜びをこめて美しく舞い上がる、その情景がクセから「序の舞」という静かな舞、ややあって「破の舞」という「序の舞」の余韻というべきテンポの良い舞からキリの謡へとたたみかけて表現される。これをこの小書では「序の舞」の最後の部分を「破の舞」のクライにし、すぐキリの東遊び以下の謡になり、そこにも緩急がつく。今、クライという言葉を使ったが、クライとかノリ、ハコビ、一般の用語に翻訳すればテンポ、リズムに近い感覚かと思うのだが、これが能楽の音楽性の中心になっているのだと私は思う。御退屈ながら少しの間冒頭の講釈の続きに戻らせていただきたい。

御能の音楽というのは指揮者がいないのによくも合うものですなぁ、特に洋楽の方からよくこんな感心のされ方をする。剣道の試合と同じで互いに相手の気合を探り合っているのですな、相手を聞き過ぎてもいけないし一人で勝手にやってもいけない、などと訳の分かったような分からぬような不得要領の返事をする。

曰く言い難し。もうこれ以上は申し上げようがない。クライとかノリとかいったものを指揮者なしに昇華させるのは、謡の中では謡い手と打楽器の勝負であり、舞の中では打楽器と笛の葛藤《かっとう》なのである。講釈はこれでおしまい。

私達の旅興行は愛知県豊田市から始まった。マンモス企業トヨタの本拠地にふさわしく立派な市民文化会館は超満員、しかしここでの「勝負」は、はっきり言って少々不出来であった。混成軍の悲しさ、相手を探る、という欠点が出て、結果テンポが余り良くないまま終わった感じで、次回に期待をかける。

翌日は石川県の小松市公会堂、強行軍をおして全員張り切ったが張り切り過ぎ、今度は「破の舞」になる所で急に早くなり過ぎたのである。この部分はごく僅かで舞が終わりになってしまう。私はおシテの型が間に合うかと一瞬心臓がとまりそうになったのだが、御本人は目付柱からするすると廻り込んでちゃんと舞い納められ、それが、せかせかとかあわてて、という感じでなく、さりげなくそして鮮やかに滑り込みセーフ、私は感嘆、なに私だって学生時代、これの名手であった。

三日目は滋賀県の野洲、やす、と読むこの町の文化ホールはかなり広く、これではいくらなんでも滑り込みは間に合うまいと意識もし、囃子のアンサンブルも馴れてきたのか、三度目の正直、この夜が今までの中ではまずまずの出来であったように思う。

この旅で一番私の印象に残ったのは四日目の新美市という所である。岡山から伯備線で約一時間、途中の高梁《たかはし》には備中松山城という古城がある、とこれは昨春の雑誌『旅』で知ったのだが車窓からは見当たらぬ。

新美は山間にひっそりとたたずまう小都市、しかし文化活動には御熱心なのだろう、会場の向かいには真新しい市立図書館があり、少々古めかしい会館の舞台はやや狭いが、ここも客席は超満員、茂山忠三郎師等の『萩大名』の軽妙な演技に無邪気に笑いこけ、『羽衣』の絢爛たる衣装と舞に嘆声を発し、私は感激した。

私達が二度と訪れることはないかもしれぬこの山あいの町、ここでも人々はそれぞれの生活を営み、この方々はおそらく初めて能を観、或いは一生の中でこれが最初で最後の能楽観賞であるかもしれぬ。そういった観客の前で私達は汗びっしょり、力一杯の舞台を演じた。舞台上の技術的な巧拙が今日のお客様に分かって頂けるかは別問題、この方々と私共の出会いはまさに一期一会《いちごいちえ》。今日の舞台の印象が皆様の心の一隅にどうかいつまでも残りますように。

私は思った、煩雑な解説は要らない、筋書はパンフレットで充分、拍手がどこで起こっても良いではないか。初めての方はそれなりに無心、白紙で御覧頂き度い、それで移動芸術祭の意図は充分足りているのではないか。

日程の都合で、岡山市へ戻る二時間程のバスの中でささやかに打上げパーティ、といっても缶ビールと酒を廻し飲みするだけだが私達は充分満足し、何か意気投合したような連帯感に心なごみ、最後の公演地である山口県宇部市に向かったのである。

後記　新美市は新見市の誤り。「ぼけたかな」の項（79ページ）で釈明しました。

暗い日曜日

この齢になってお舞台が怖くなった、こんなセリフは実にキザである。

しかし、近頃私は真底舞台に出るのが怖い。が、どうもこれは崇高な芸術の深淵をかい間みたというような高級なそれではなく、単に歳とって体力の衰えが来たということらしい。

能楽は力の舞台である。力が入ってなきゃお能じゃないよ、故喜多実先生は常に昂然と言われた。

御婦人の読者には失礼、先代六平太芸談の中にあるのだが、昔の能の笛のいいつたえに「きんたまの脂で舞台の板が濡れる」という話があるそうである。で、明治時代の笛方、森本登喜がこの話は本当だろうかとふんどし一つで廊下に座って「獅子」という烈しい曲を何回吹いても廊下が濡れない。大鼓の葛野九郎兵衛にその話をすると、そりゃあ「獅子」なんかじゃかえって駄目だろう、それよりしっかりした「序の舞」(極めて静かで端正優雅な曲)をじっくり吹いたらどうか、と言われ、やはり大鼓方の津村又喜に大鼓を打って貰って吹いた所が又喜がまた意地悪くとてもしっかりと打ったのでさすがの登喜もよほど身が入ったらしい、今度はどうかと立ち上がると板の間にはっきり跡がついたという。つまり能というものはそのくらい力を入れて奏するのだということを強調した逸話であろうが、もう一つ、私は「序の舞」が本当に一番大変な曲なんだよ、と師に言われた記憶がある。

今はお能も美しさとかリズムの調和等が重んぜられここまで烈しい強さはないかもしれぬがそれでも武家式楽以来の、力が基本ということは依然たるものがあり、私の恩師、故寺井政数先生も強く強くと常に言われ、勿論御自身の笛たるや力感みなぎり、しかもふっくらと美しい音色であられた。

ところが私は不肖の弟子である。強く強くと教えられればすぐその事ばかりに気をとられる。実にどうもこの、強く、と言うのは非常に難しい。笛が弱いぞ、とどなられ、さらばと強く吹いたつもりが、何とんがらかってんだよ、静かと弱いは違う、強いと荒いは違う、また怒られ、じゃどうすりゃいいんだ、これは誰も教えてはくれない。

六平太芸談で思い出した。その先代六平太先生に一度だけ口をきいて頂いた事がある。勿論お説教である。

『半蔀』の稽古能を終えて楽屋に戻ってくるといきなり、「序の舞」の三段目（終の部分）あたりな、やたらつっかかっていきおいが良すぎら、ジロッと私を見て少々口調が変わり、「半蔀ってなぁ皮肉な曲だね、普通の曲は段々ノリが良くなって華やかに終わるんだがこの曲は、夜が明けると源氏の君は帰ってしまう、女は寂しくなる、さびしがっている所で曲が終わる。片方でお能には序破急ってものがあってしめりっぱなしで一曲が終わっちゃあいけない、実にどうもこれは作者の皮肉だね」

芸談というのはまことに禅問答みたいなもので、この話にしてもさきの笛の話にしてもどこまで真《ま》に受けてよいものか、一に聞き手がどの程度の芸域に在るか、で会得の仕方に差が出る、とでも言っておこう。ともかく強さを内面に秘めて寂しさも華やかさも表現するというのはものすごく底力の要る事だとつくづく思う。一方で齢とともに力まかせが効かなくなる。一体どうすりゃいいんだ、誰にも聞けない、誰も教えてはくれない。

能楽師に限るまいが、芸人は孤独である、めったに人前で本音は吐かぬ。しかし誰しも似たような悩みを内にかかえ、どうすりゃいいんだ、と必死になりこれが芸の推進力となっているのではあるまいか。

打楽器の稽古法は知らぬが、笛はもう吹くっきゃない、家で十分吹きこんだつもりで、さてお舞台に出てみるとまるで調子が違い、こんな筈じゃなかった、真実の話これ程気持の落ちこむ事はない。

舞台に出て緊張の極限で普段の調子を少しでも出すというのは体力気力共大変な力を要することだ、今更のように気付き、トボトボと宵闇せまる渋谷の街に出れば若い男女嬉々とさんざめき、学生さんやサラリーマンの今日は楽しい休日、しかし私には暗い。

『暗い日曜日』淡谷のり子のこの曲が大ヒットしたのは昭和十一年、その哀切なメロディに自殺者が急増し、社会問題になったという。

自殺か。死ねば楽だ、さりとてピストルは持たず、昨今枝ぶりの良い松も見あたらず、海に身を投げようにも私はカナヅチである。

「憂鬱な水曜日」の一文でジルーシャ・アボットはあしながおじさんの知遇を得、幸福な生活に入ったがこの老耄がメソメソぼやいたとて誰も相手にしてはくれない。

さびしく数杯の盃を傾ければはや眠くなる。私はいつも自室で一人寝る。家人共に言わせると私は、いびきに歯ぎしり、寝ごとに寝がえり、うるさくて側に居られない、その上燈火管制下で育ったからまっ暗にしなければ駄目、まだある、いまだに突如クーシューケーホーハツレイッと叫んですっくと起き上がり、これまた気味悪いと言う。
しかしこの淋しさ、これが一人で寝られるものか、私は枕と毛布をかかえて猫部屋に行き、おい一緒に寝ないか、いやよお酒くさい、娘猫はツンと澄まし、母猫はこれはもう最初から不機嫌な顔付き、息子猫だけが、うん一緒に寝たるわ、やはり男は仁義に篤い。
やれやれとまどろんだのも束の間、烈しい痛さにとび上がり、こやつ寝ぼけてひっかきよった。
息子猫もむっくり起き上がり、
おっちゃん寝相悪い、僕のこと蹴とばしよった、
なに、人のせいにするなッ
猫のせいにするなッ
うるさいわね
母猫ギャオーッと目をむき、今日、私は鬱《うつ》である。

ぼけたかな

僻地で工場勤務をしている長男から実に久し振りに手紙が来た。この男大変な筆無精でめったに手紙を寄越さぬ。それが突然の来状だから何かあるなと思ったら果たせるかな「僕も僕自身の財務体質の改善を計らねばならぬと考え」などと書いてあり要するに金を遣い過ぎての無心である。「一人前の社会人になってまだ何を言うか、それより父親の晩酌代ぐらい送金せよ」と書き、それでもまだ納まらず、貴殿浪費家に付きケチな嫁はんはよ探せと書き加え、丁度愚息宛友人からの手紙が来ていたからこれを同封し裏の郵便局で依頼して帰って来ると、なんとたった今転送した筈の息子宛の手紙が机の上に置いてある。

私はあわてて郵便局へとんで行き、すみません先程の手紙中味を入れ違えたので、と頭をかくと局員は苦笑して、まぁ顔見しりの方ですからな、じゃ局員の目の前で入れ替えて下さい、私ははて間違えて何を入れたかしらんと開封してみると、なんとたった今愚息から来たばかりの手紙で、これをうって返しに送り返したらさては親子の縁切り状かと愚息欣喜雀躍するに違いなく、どっこいそうはいかぬ。私がボケにボケ果て隣町のお地蔵さんにだきついてニタニタしようが、リンゴの皮をかじって中味を投げすてようが息子にとことんとりついてやるでぇ、とこれは冗談だが近頃内心気になるのは、物忘れ、思い違い、といったいわば気構えの慎重さがスポッとぬける事がふえた。だから一層間違いを起こさぬかと気になる。

紋付、袴、お笛等いつもの通り用意して家を出る。西武新宿線高田馬場駅の跨線橋には昔ながらの切符売場の窓口がある。硬貨を出してさて、今から行くのは渋谷だったか水道橋だったか千駄ヶ谷だったか、とはっと考えれば考える程行先が出てこない、お客さん早く、などとどづかれ益々混乱して、オイラの行くとこどこだんべ、ではジョークにもならぬが、こうなると際限なく気になり出し、電車の中でお番組を出して会場を確かめ、また出し直して開演時間を確認し、なに今になって時間を間違えたのに気がついたって間にあいはしないのだが。ややあってお笛持って来たろうな、鞄を開けて覗《のぞ》き、足袋あったかな、また鞄をあけ、しばらくして足袋右だけ持ってきたのはあるまいな、またごそごそ中の風呂敷包みひっぱり、あったあった、両手に白足袋を片方ずつはめてニタァと笑えば最前から気味悪そうな顔をしていた隣の客はたまりかねて別の車両へ逃げ出す始末。

『観世』一月号に移動芸術祭の話を書いて、伯備線高梁には備中松山城がある。これを昨春の雑誌『旅』で知った、と書いたが気になって『旅』を読み返してみるとこの記事がない、はて確かに読んだ筈だが、いくら調べても見あたらず、どうも別の雑誌だったらしいのだがもう校正は間に合わず、まぁこの城のある事は事実だから御勘弁と諦めてさて出来あがったのを開いて驚いた、新見市が新美市になっている。どうも茫として美の字を使い、校正でも見落としたので、地元の方々はじめ皆様に申し訳ない。そして私事で恐縮だが愚妻は岡山市出身である。故郷の地名を間違えられたとこの猛妻が知ったら……。その上荊妻の連想は驚天動地的に飛躍する。

ちょっと、その新美さんてどんな女《ひと》？

私は急いで二月号を隠した。

固定観念、「当人ノ他ノ観念ト何等ノ矛盾モ撞着モナクヨク調和シ且ソレガ病的デアルトイフ自覚ヲ伴ナハナイ」と或る事典にあり、強迫観念と違って病的ではないそうだがさりとて「思い違い」は「間違い」である。間違ったまま気が付かないととんでもないことになる。

能楽堂に出勤する時も予定表を丹念に調べて遺漏のないようにしているつもりだが、この予定表に書き落としや書き違いがありはしないか等と気にしだすともうこれは強迫観念に近くなる。似て非なる例だが、お舞台に出る前、あそこで間違えるのではないか、と思い出したらもういけない。こんな時はかえって頑固に、なに間違えるものか、という気迫が必要なのでこれは、情識はなかれ、とは別の意味だと思う。もっともこの頑固さは十分な稽古が裏付けとなること間違いはない。

といってただの頑固は御免である。よく年寄りは頑固だと頑固を売り物にしかねない老人を見かけるが、年寄りは頑固でも許されるのだ、と思い込んだら恐ろしい、私はそんな老人になりたくない。

自分の生き方はこれで良いのだろうか、良かったのだろうか、たえず反省がなければいけないと私は思う。悪い言葉を使えばくよくよする、というのだろうが、これで良いと思い込んで何等自らを顧みることがない唐変木《とうへんぼく》よりは数等ましである。そして俺の人生これで良かったかという絶えざる反省心がボケ防止の良薬であることまた間違いあるまい。

とは言うものの年齢とともに日常生活での「思い違い」というやつはキリがない。どうも、思い違い、は思い込み、が原因である。

ついこの間の夜、私は老眼鏡をたよりに息子猫の毛玉をとっていた。毛玉というのは長毛種の犬猫にある、毛がからんでひどいのはカチカチの玉のようになるので早目に金属性の櫛で梳《す》きとってやる。

当家の母猫と娘猫は大変なおしゃれで一日中自分で身ずくろいをしているが、息子猫は極端な無精者で全然自分の体の手入れをした事がなく、当然毛玉だらけでいつも人間様の毛玉取りの世話になっている。私は片手で息子の体を探り、ここにもあるぞ、ここにも、金櫛でグイグイ毛玉を梳き取り、なんだ、足の付け根まで大きな毛玉が。櫛をいれてヤッとひっぱれば息子猫飛び上がり、

よせ、それはぼくのおチンチンだ。

正直な話

これはひと様を褒める話だから実名を挙げても良かろうと思う。

喜多流の重鎮、粟谷菊生先生の会に招かれた時、これは御素人の発表会だったのだが、『羽衣』の舞囃子をお舞いになった御老人の話である。鶴のごとき、という古風な形容がそのままの痩身でかなりの御年配とお見うけしたが後で伺えば卒寿に近いお歳とのこと。その方は「序の舞」の後の「破の舞」という短い舞を入れて舞われたのだが、お申合わせという舞台稽古の時どうもこの「破の舞」の所でお型が中々うまくいかない。地方の方で他の

人からお借りになった型付が少々違っていたらしい。先生が親切に直され、御申合わせ終了後も残って特訓なされていたようであった。とはいうものの、これが本番の前々日のことであったから大変失礼な言い方だが私はさして気にもとめず当日に臨んだのだが、なんとこの御老人がたった二日の間にすっかり型を覚えられて立派に舞われたのである。先生の方も、やぁ奇跡が起こった、と冗談めかしてぽんと肩をたたかれたが、内心嬉しい誤算に大喜びであられたと思う。

しかし私がわざわざここに書かせて頂いたのは、この本番の前の情景の事である。この御老人は御舞台に上がる直前まで型付にじっと見いって勉強しておられ、傍らでは御家族らしい御婦人がにこにこしながらも少々心配といった表情で見守っておられる。ご本人も必死というよりはなにか淡々と型付を見ておられ、この辺は九十に及ぶ人生の年輪が感じられる。と、こういった情景を感動を覚えながら眺める私自身もそんな歳になったということだろう。

もう一つの話、やはりこの先生の御社中に私の四十年来の旧友がいる。毒舌めくがこれがまた上に馬鹿の字がつきそうな正直、実直な人間である。彼は一流大学を出て一流商社に勤めたのだが数年で退職し家業を継いだ。家は東京の下町の紙問屋さんである。

彼の結婚式に招待された時、祝辞に立った区会議員のことを数十年後の今でも私は忘れない。大分酔っぱらったこの男は絶叫した。新郎は大学出であるがそれだけで世間に通用すると思ったらとんでもない、世の中はそんな甘いものでない、こんな類のことをくどくど言い、私は怒鳴りつけてやりたかった。馬鹿め、彼は人前で学歴をひけらかす様な男ではは断じてない。

事実、四十年間彼は全く変わらぬ。いつも笑顔を絶やさず何事にも真正直に対処する。私が不思議に思うのは、よくこれで商人が勤まると言う事で、商人といっても彼は中堅企業の経営者である。謂わゆる権謀術数もあろう、時流を見抜き、他社に後れをとらぬよう、取引先や銀行等にもそつなく付き合う要もあろう。

しかし、彼が取引先のおえら方を料亭に招き、或は先程の議員先生の類の輩とも付き合い、酒を酌みかわしながらおかしくもないのに哄笑してみせる、そんな光景がどうにも私には想像出来ない。

人間というのは弱いものだ。人が幸福になれば羨ましがる、他人の失敗をみて心から悲しむ人がいたら類稀《たぐいまれ》な君子である。大ていはお気の毒様、ニヤッと笑いたくなる様な、もっと悪ければざまぁみろの様な感情の沸く方が多かろう。例えば会社でも常に上役の顔色を窺い同僚の出世を妬み、強きに阿《おもね》り弱きを挫く、そんな人間がいるらしい。

彼についていつも私が新鮮な驚きを感ずるのは、彼が、こすっからい世渡り上手をまるで無視し、敵愾《がい》心も持たぬ、我が道を往く、とばかり恬淡《てんたん》と生きていることである。さりとてこの男、山中で霞をくって仙人暮らしをしているのではない、どころか生き馬の目を抜く東京のまっ只中で事業を成功させている。実にどうも不思議な男だ。

私は九十に近い御老人がご趣味のことにも真摯に取り組まれる姿に接し、そして数十年変わらぬ姿勢で淡々と歩み続ける旧友を観、つくづく考えた。「正直の頭に神宿る」という諺は確かに生きている。

だが諺には必ずといっても良い程対語がある。「正直者が馬鹿をみる」この言葉を世の正直な弱者を代弁して言うのは良い。しかし我が身に当てはめて言ったらこれは女々しい愚痴の響きが、無器用で或はいくじがなくて世渡り上手でないくせに、巧妙にお金を儲け出世する連中へのやっかみの響きがある。私自身について言えば、私は極めて無器用でいわゆる世渡りは下手である。ならば馬鹿正直で通すが良い。所が匹夫《ひっぷ》凡夫《ぼんぷ》の悲しさ、俺は正直者で馬鹿をみたと口には出さぬが心中の煩悩をいかんともしがたい。

私の大好きな作家、山本周五郎の小品、『寝ぼけ署長』時代物の『町奉行日記』とも相通ずる罪を憎んで人を憎まず的さわやかな感覚と市井にひっそりと生きる小市民の哀歓がさり気なく描き出され、氏若き日を描いた『青べか物語』の流れとも言えよう。その一文『十目十指』

屠殺場で働く亭主、ずんぐり逞しく一見無骨にみえる。寡黙で我慢強く亭王を庇う妻は近所から菜園泥棒の汚名を着せられても言いわけ一つせぬ。威丈高にこの「牛殺し夫婦」を罵る隣り近所のインテリ達、その勤め人や元お役人達が実は醜悪な振る舞いをしこの夫婦のささやかな土地を侵蝕していたのを署長の明察で発見されるが亭主はぼそりと言う。「地面が喰べられるじゃなし、垣根の此方と向うの違いだけだ」筋だけ書けば他愛ない勧善懲悪の物語だが、作者は言いわけ一つしなかった善良な弱者に暖く幸福な結末を与え、一方こすからい隣人達をも極悪人と極めつけず軽快にもさわやかに結んでいる。

だが、仮にこの夫婦が盗人の汚名を着せられたまま終わったら、悪質な隣人達がふてぶてしく生き残ったら、そして現世にはむしろこちらの結末の方が多かろう。

私はせつなく我が駄文を読み返し、大きなくしゃみが二回、花粉症だなこりゃ。夜も更けた。

のどかなる

我が家の母猫と娘猫はスリムな美人だが、息子猫は大食漢で体重五キロ近くある。私が台所で妻の目を盗んでつまみ食いをしているとそばへよって来て小さな声で、

「おなかすいた」

「君だけ今朝からもう二度も食べたじゃないか」

「だっておなかすいたんだもの」

小さな声でまた言い、

「じゃ、君の母さんにはないしょだぜ」

私はそう言って冷蔵庫からナインライブズを出した。

うん、この九行このままペットフードのＣＭになるぞ、
どこかの会社から買いに来ないかな。なに商品名はどうとでも変えるさ。さもしい事を考えるのもなにせこの所暇で暇で、従って収入も少ないからで、こういうのを「小人閑居

して不善を為す」と言うのであるな。

まてよ、この「閑居」という言葉、中々良い響きじゃないか、出典の「大学」では「閒居」と難しい字らしいが、のどかな雰囲気があって、私は閑の字が良い。

そうだ、今私はのどかに暮らしているんだ。こんな時こそ本を読んだり猫と遊んだりして大いに教養を高めにゃいかん。閑居して以て志を養うべし、と後漢書にもあるではないか。

私は無性《むしょう》にこの言葉を使ってみたくなり、大急ぎで四十年来の旧友の所へ電話した。

おい、俺、今カンキョしてるんだぜ、
それがどうした、俺なんざインキョだぁッて、この男去年定年。

そうか、俺もサラリーマンだったらもう隠居じゃなぁ、机にもたれて来し方行く末を考え人生について深遠なる思惟に耽る私の耳もつんざけとばかりの騒音、こりゃそも人間の声であるか。

「ちょっと、今月どうやってご飯食べるつもりなの」

「どうやってって、やっぱり茶碗と箸で」

「古いわよ、その冗談」

弱々しく抗弁するも鎧袖一触《がいしゅういっしょく》され、一体この女何者だ。全く赤の他人だったのがいつの間にか拙宅に住みつき、ここんちをじぶんちのように振る舞い、ひょっとすると死ぬまでここに居るんではないか、誰の許しを得て当家に居るのかさっぱり分からぬ、が相手は平気で、

せめて猫のお食事だけはなんとかして下さい、

私は怒った、せめて、とはこんな風に使う言葉か、

せめてあなただけはおいしい物召し上がって下さい、大事なお体ですから、とこんな具合に使うんだ、分かったか、この愚妻、荊妻、悪妻、老妻、猛妻、うるさいっと、したたかに怒鳴りつけてやったのだがもちろんこれは心の中でだけ。

私ごとき大物は女子と小人は相手にせんのだ。

向うでも全然相手にしてくれぬ。

で、私はおもむろに閑居し荘重なる思索にふける。いかにして猫用缶詰をもって旨い人間用ハンバーグを製するや。そばで息子猫も腕組して深刻な顔をしている。君も何か思索しとるのか。しとるさ、猫とカンキョと猫缶とのカンケイについて。君の思索は食物だけだな。

我が家に住みついた女が十年たち、そして二十年たってても夫が名人にも上手にもなぁんにもならず、今やそんなものに全く関係ない人物と知った時、そして息子二人が大食いの

楽天家のグウタラ、要するに瓜の蔓に茄子《なすび》はならぬ、と気が付いた時、彼女の上流志向は猫にむかった。かくして当家の母猫、娘猫、息子猫はコンクールに出ては次々に日本チャンピオンを獲得し、彼等のトロフィは我が家唯一のエリートシンボルとして燦然と輝いている。

そしてその横に悄然と並ぶのは私の幼稚園卒園証書である。亡母は言った。お前、これだけは大切におおし、この先尋常小学校を卒業出来る当てはないでな。子を見る事親にしかず、昭和二十年五月二十五日の大空襲の時も焼夷弾が雨あられと降る中を亡母はこれを腰巻に縛りつけて一目散に逃げ、お陰で私は幼稚園だけは出たという証拠をいまだに持っている。爾来半世紀余、私は幼時夢にみた海軍大将ではなく、能楽の笛方となってその末席を汚し、一度でよいから亡師のような豪快で美しい笛を吹き度いと志は大きく現実は厳しく、ただ茫然と閑居するのみ。一体この半世紀、俺という男は何をしとったんだ、もう少しなんとかならなかったのかい。

さびしい時の猫だのみ、私は原稿をかかえて猫部屋に行き、読み聞かせた。チャンピオンの個所で三者三様の反応があったのだがこれは略す。私は言った。

この原稿の続きは、だね。

「人生がいかに短くはかないか、一面いかに一寸の光陰を無駄にしてはいけないか、人がようやくうっすらとこれに気付く時、既にその人生は終盤を迎えている」
老年期にさしかかったものが大ていひたりそうな感概ね、母猫は無造作に言ってのけたつもりがギクリと我が年に気付き。
メランコリックな想いを籠めたつもりで平凡ね、
娘猫は現代っ子。息子猫だけが、
いいんじゃない、嘘じゃないんだから、
こやつ頭単純、私は委細構わず、そして結びはこうだ、
「芸術はながく人生はみじかし
ヒポクラテスの言葉は色々な解釈があるが、もし私が私自身に当てはめてこんなことをほざいたら例え様もなくキザであり生意気である、しかし芸事に携わる人々の歴史として語る時、この言葉はこの上なく残酷な真理である」
私は美文調の結語に自己陶酔し、女共はうんざりして爪とぎを始め、さすが息子猫も小鼻に皺をよせ、
おっちゃん、よくもテレずにそんなこと書けますな。

めしのたね

微苦笑、とは久米正雄の造語だと聞いた覚えがある。

さすが大文豪ともなると感性の豊かな言葉を思いつかれるものだ。しかし造語とか文法破格などはプロだから許されるので私等がやったらとんでもない事になる。自分で言うのも烏滸《おこ》がましい、が、こんな駄文を書く時でも私は辞書にない言葉はなるべく使わない様に心がけている。というのは私は文章については素人だからで、素人があまり自由奔放なことをしてはいけないのだと思う。で、私は送りがな、仮名遣い、それぞれ専門の辞典を使って間違いのない様に気を遣い、それでもなにげなく使った言葉が後から気になって辞書をひき直して見あたらなかったりすると心臓がとまりそうになったりし、もっともプロはプロでもっと気を遣うらしく、大分以前の新聞だが「さては辞書にない言葉を使ってしまったかと青くなって数冊ひいた所が最後の一冊にこの言葉があってほっとし……」などと記者先生も大変である。

そんなことで勿論新聞に投書したり等という大それたことはした事がないが、投書欄はよく拝読する。

とりわけ朝日新聞日曜版の、「さておやしかし」、「いわせてもらお」、等は愛読欄なのだが、これは私だけの感想かもしれぬが、言葉遣いの素人っぽい文章が多く採用されるのかなと思う。

これも私個人の感想だが、過去多かったのは女性の文章オチとも言うべき笑わせ言葉の後に「……」ですって。とつけるもの、文章の最後に「……等と考える今日この頃である」これも圧倒的に女性の文章である。

どうも普段文章浸けに悩ませられているプロの先生達いわゆるしろうとっぽい表現に心惹かれるのだろうか、と憶測してしまうのだが、一面素人はこれで良いのだとつくづく思い、私自身も素人の分をわきまえて実直な文章を心がけなくては、と考えている。

いやだな、と思うこと。『サラダ記念日』、の斬新な短歌集で俵万智さんが有名になった時、……なんて「言ってくれるじゃないのと思う」、等々これに類した俵氏の言葉をもじって盛んに使われた時期があった。歌人の表現を流行語のごとく考えているのだろうが、プロが脂汗流して考えついた言葉を自分で作れもしない素人が安直にまねをしてはいけない。こんな事は自分の語彙の乏しさ、無神経さをまる出しにしていると言っても言い過ぎではない。

　悪口ついでに、いわせてもらお。私の専門の横笛でも多少はお素人のお弟子さんがあって、中々お上手になさる方もおられる。ところで私共の言葉で言う、さし指、一種の装飾音ともいうべき指遣いがある。余談だが私の亡師寺井政数先生は非常にさし指の少ない芸風の方であられたのだが。お弟子さんの中にはせっかくお上手になりかかった頃、このさし指なるものをプロのまねをして使いだされる方が稀におられる。私共のお教えする指遣いはいわば絵のデッサンみたいなもので、基本素描がしっかりしない中にべたべた色だけ塗りたくっても屁にもならぬ。幸い、私の社中にはそういう方がなく、たまにそんな事をなさろうとする方にも御注意するとすぐ分かって下さるので私はいやな思いをせずに済む。私の専門外だが謡曲のお稽古でも同じような事が言えるのではありませんかな。

　飛行機の中で全日空寄席を聞く。(なにしろ私の文章は突然飛躍するので) 志ん朝師匠が対談している。「私等のやってることは、どうでもいい商売なんで、しかしこのどうでもいい商売で飯を食っていくのは大変な事なんです」この時は気にもとめず聞き流していたので正確な表現は忘れたが、しばらくたって私はギクリとした。どうでもいい商売、たしかに落語が好きだといってもそれが聞けなくなったからといって明日の生活に障るわけでもなし、落語家さんには悪いが無ければ無いで済む商売である。志ん朝氏の言うのは、その無ければ無いで済む商売でどうやってお客様の目を耳を惹きつけるか、と言う難しさの事なので、私がギクリとしたのも実にこのことなのである。

御趣味で笛のお稽古をなさる方は少ない。でもその方々にお稽古をしてなにがしかを頂き、これは私のなりわいである。が、先方様にとっては全くのお道楽である。いやにならぬまでも本職の御都合でいつおやめになったとて悪い事でもなんでもない。だが当方は、ひゃあまたお弟子さんがへったぁと嘆き悲しみ、まこと浮き草稼業である。つまる所芸人商売の悲哀は、やっている事が本人にとっては「必」であり、お客様にとっては「恣」である所にある。

たしかに私ごとき笛吹きが一人この世におったとておらぬとて天下国家の情勢にも為替相場にもなんの関係もない、この事である。志ん朝氏の言う、どうでもいい商売、と言うのは。この言葉は自嘲的でもあるが、俺はこんな商売でも一家をなしているぞ、という自負も感じられる。私だって竹の横笛一本で曲がりなりにも世渡りをしているぞ、とささやかな自負もある。

プロフェッショナル、という言葉、専門家、職業人、色々な訳があろうが私は、これでゼニのとれる人、と訳したい。現ヤクルトの野村監督が南海監督時代だと思うが、プロの選手はゼニのとれる野球をせにゃいかん、という発言があった。当たりまえといえば当たりまえの話だが、入場料を払ってプロのプレイを見においでになるお客様の前でまさか手抜きはしないまでも少しでも緊張感を欠いたプレイをしては絶対にいけない。これは野球でも能楽でも同じ事だろうと思う。

それにしても世にはたかが縦横二十行の線の入った紙と鉛筆を前に脂汗流す人あり、チキショーあの馬鹿課長俺のこと怒鳴りつけやがって、と焼鳥屋で飲んだくれ、翌朝二日酔いでまたもバカ課長氏に怒鳴られる人あり、何の道でもこれでゼニをとれるというのは難儀なことでありますな。

けち

毎年八月になると思い出したように、終戦記念日と称する八月十五日を中心に戦争の思い出話やら軍歌やらがテレビに流れ、それも年とともに次第に下火になってきている。しかし、と、あの戦争でとんでもない目にあった私はまたも力むのだが、戦争のいやな思い出は忘れたい、が、忘れてはならない事、つまり二度と繰り返してはいけない事まで忘却のかなたへ追いやられてはかなわない。

あの戦争末期から戦後へかけての地獄図絵は経験のない方にはなんとも説明の致し様がない。食べる物は何も無く何度も書くが私自身飢死寸前まで追い込まれた。先頃朝日新聞のテーマ談話室で、異国からの引揚げ途中、食物がない為、故国を目前にして力尽きて飢死した二人の妹さんの事を書かれた女性がおられ、私の脳裡には野坂昭如氏の『火垂るの墓』と二重写しになって涙が止まらなかった。

私の友人で旧満州から引揚げて来た男の話、

「引揚船の中で大人達が食物を取りあって大喧嘩でな、それが満鉄とか鞍山の製鉄所とか一流企業の社員なんだ、あさましいもんだったな」

敗戦の様変わりで大人不信に陥っていた私はすぐ同調したが、数十年後の今、思う。その友は少年だったから「あさましい」と眺める余裕があったのだ。その時彼が一家の主だったら彼もまたあさましくも食物を奪いあったのではないだろうか、妻の為、その腕に抱かれたおさな児の為に。あれから四十数年、あの一面焼野原だった日本が今や世界各国から一目おかれる経済大国と飛躍し、なおも成長を続けている、らしい、と私共経済に無縁の者でも新聞やテレビで知らされる。

なぜこの東洋のちっぽけな島国が経済大国などと世界中から認識されるようになったか

私なんぞには分からぬ、確かに日本人は勤勉でまじめな所はあると思うけれど。私は柄にもなく非常に気になって先般朝日新聞に連載された「日本たたきの深層、アメリカ人の日本人観」は大変期待をもって読ませて頂いた。結局この鈍才にはさっぱり分からなかったのだが、一つだけ私なりに気になる事、アーラム大学日本研究所長ベイリー教授の発言で、少々長いが引用させて頂き度い。

「日本人の口ぐせは『日本は資源のない貧しい島国。ぜい弱な国。だから一生懸命努力しなければならない。』この言葉を何十年も言い続けて来た。この心理が日本を今日の成功へ導いたと思う。だが、日本はもはや弱い国ではない。物質的にも貧しくない、孤立もしていない世界に冠たる経済大国なのだ。……」

ひと様の意見というのは一部だけをとって反論すると揚足とりになってしまうし、この先生のお話は全体に私ごとき者でもごもっともと拝読したのだが、この「日本は資源のない国」という個所は今でも変わってはいない。これは日本人が宿命的におかれた地理的条件なので、実際この国では石油が出るわけでも金銀銅鉄が産出するでもなく、四面海に囲まれていても小さな漁船でアフリカまで魚を追いかける有様、かつての農業国も外国から買った方が農産物も安いという冷酷な経済原則に脅かされ、かくして私等も韓国産の浅草海苔、米国産の大豆の冷や奴に納豆、アフリカ沖の鮪で一杯やってあげくの果て、てやんでぇ、おいら江戸っ子だい。

　だからこんな事は二度とないと思うけれど、もしまた日本が世界の孤児となるような事態が起こったら、私達は着る物食べる物を始めとして生活必需物資はまるで手に入らなくなると言っても脅しではない。

　過去、消費は美徳、という言葉をはやらせた政治家がいた。事実、今でもどんどん使いどんどん捨てる、そうしないと物が溢れてしまう。これは一体どういう事だ。我が息子共も私が物を大事にすると、そんな物早く捨てなさいよ、鼻で笑われ私の方が何か済まなそうな顔をする。

「親トカガァ　ウルサイノデェ」　髪の毛を長くたらし、国籍不詳の言語を弄しつつ飲物も食物も汚ならしく残して行く若い女性を見ると憤然と側によって注意してやりたくなるのだが、私にそんな度胸もなく、そんな事をしたとて彼らはなぜ怒られたか分からず、キョトンとするだろう、悪い事をしたと言う意識はまるでないから。でも食物に限らず資源を無駄にしたら、日本といわず今の地球では悪い事なのですよ。

　大体、うちの猫共に煮干しをやるときれいに頭だけ残し、おい、頭も食え、だってここだけ味が悪いんだもの、私がひっくりかえって怒ると息子猫不思議そうな顔で、
　おっちゃん、背中に蚤おるんか？

もう私は断固旗幟《きし》鮮明にすることにした。

物は大切にしなくてはいけない。家でも私の部屋だけは扇風機に石油ストーブ、原子力発電に反対するならまず電力消費の節減から。石鹸だって小さくなっても最後まで使おう。一億二千万総ケチになったら企業の売上は落ちるだろうが、少々生産が売上が利益が減ったとて我々日本人は明日の生活に困る訳ではないんではないか。

それにしても使い捨ての割箸で森林を破壊しているとか、再生紙を使おうとか騒ぐ割に日本の廃品回収機構はまるでなっていない。私は新聞のチラシを集めて塵紙交換に出そうとして怒られた。オッサン これっぱかりじゃ商売になんねえよ。缶ビールの空缶を眺め、コップ二杯程のビールの為にどれだれのボーキサイトと電力を要したろうかと分かりもせぬ事を考え一生懸命缶をためたが誰も引きとってはくれず、結局は東京湾の埋立地で朽ち果てるか。

そうしてみると私等能楽師というのは数百年の昔から使い続けられて来たものを回収し再生し、いかにして新鮮にお客様にお目にかけるかと、ただそれだけに日夜誠心誠意励む古物商を営んでいるのでありまして。

しゃあくにさわって

私は電車の中で女性の隣に座るのが好きである。

ニヤリとなさってはいけない。特に若い男性に多い、あの足を広げて投げ出して極めてお行儀の悪い人の隣に座ろうものならもう大変な悲劇なのである。

逆に雨の日は女性のお隣は敬遠である。濡れた傘を隣の人との間に平気で立てかける。ズボンとスカートという服装の差のせいかもしれぬがこれは圧倒的に女性に多い。

両者に共通するのは自分の行為が他人への迷惑になっていることに気付かぬか、平気でいられるか、ともかく私の最も忌み嫌う無神経「鈍感」の類で、そういう人を見ると私はもうその住所氏名年齢職業を尋ね、どんな育ち方をしたのか確かめたいような激情に駆られるのである。

さりとてかくいう私も自分自身気付かぬ中にひと様にいやな思いをさせているかもしれないので、気を付けてはいるつもりだが。但しこれも余り考え詰めると太宰治であったか、生まれて来てごめんなさい、みたいな厭世観になってしまうが。

更に腹立たしくなるのは、こんな連中に一言も注意することも怒ることも出来ぬ私自身に対してなので。実は私は大変かんしゃくもちで怒りっぽい人間なのだが一面非常に弱虫のいくじなしだから、もうこんな人間の内心の葛藤たるや申し分なく寿命を縮めるのである。

先日も柄になく銀行に用が出来て行きつけぬ所に顔を出したらさんざん待たされ、もう私はいらいらして腹立ちまぎれに赤十字の献血場にとび込み、こんな脈絡のなさがわたし的なのだが。ここで血圧を計ったら平常値よりかなり高く、はっとわれにかえって、人間腹を立てちゃいかんぞ。敬老の日も近い、よく長寿の秘訣に、腹八分目腹立てず、などと百歳の御老人がおっしゃるのは、あれは嘘ではなかろう。だが怒りを忘れた人間なんて居るだろうか。

エーリッヒ・ケストナー、彼の、『点子ちゃんとアントン』、高橋健二先生の名訳で少年時代受けた感銘は今も忘れぬが、その中で勇気と怒気は違う、とあった。でも生身の人間にとっては怒気も離れられぬものではなかろうか。

腹立たしいことといったらもうきりがないので、『枕草子』風に並べれば、電車の出入口に立ちふさがる若者、満員電車で新聞を広げる中年、音楽会の最前列で腕組して足を投

げだすお客さん、と書き進んでひょいと朝日新聞をひらいて驚いた。ファクシミリの投書欄だが、車内で小学生から、

「おじさん、そこどいてくれない?友達が座るから」

と言われたそうで、その話が載ったら同じ様な話が続々投書、私はもう腰を抜かさんばかり、もしそんな場面に出あったら、いかな私もそやつのかぼちゃ頭どついたるわい。

しかし今や私は覚悟をきめた。どんな時でも腹を立てぬ様にしよう。暴走族に憤慨して喧嘩の果て殺された記者氏も居る、心情はおおいに分かるが。暴走族、車内の無礼者、どれもこれも目をつぶろう、じっと辛抱すればその中自分の生涯も終わる。死ねば楽だろう。なにせ私のような弱虫は何をされても何を言われても、何もせずただじっとしているのが一番良いと、この年になってフテくされ、そして愕然と私は気付いた。

この世で一番気に障るのは自分自身ではないか。

しずしずと舞台に座付き、さて目を半眼に開き、膝を割って背筋をのばし体重を前にかけ、おもむろに笛を取りだし、こりゃ大したものだ、往年の寺井政数先生か、はたまた剣聖、宮本武蔵か塚原卜伝か、見事な構え、で、私はふかぶかと息を吸って力一杯吹き込めば、スウッ……。

突如話が変わる、元阪神タイガースの掛布選手は天性のユーモアを備えた方だと思う。

テレビの対談だったが、淡々たる調子で、

「四万の大観衆の前でですな、サードゴロをトンネルして振りかえるとカバーに入ったレフトがこれまたトンネルして外野の塀まで走っている、グラブを腰に当ててこれをじっと見てるってのは実にせつないですな、だが、それをまたマウンドで見ているピッチャーの心境たるや、いわん方なしですな」

ユーモア、とは死にたくなるような切実さをもさりげなく笑いに切りかえられる剛直さなのである。

私のような未熟者はこういった「耐え」がない。能一番の冒頭でカスったらもういけない、お笛を放りだして楽屋逃げこみたいのだがそれもならず、必死にポーカーフェイスを気取って一時間半を我慢する。その間ひたすら名誉挽回名誉挽回と力んで吹くからまるでやることにゆとりがない。

無器用で融通のきかぬ私の考えでは、芸に遊ぶ、なんぞという言葉は信じられない。舞台に出てそんな余裕があったらこの上なしだ。過去現在、何人かそういった天才的な人達がおられるかもしれないが、そういう芸に接することの出来たお客様は最高である。

というわけで今日も私はげんなりして帰り、部屋に入ると息子猫のレオがしょんぼりし、飼主そっくりのドジなこやつはまた母猫に叱りとばされたらしい。

私もレオを慰める気力もなく、一杯の酒で勢を付けふとんにもぐると暗闇の中で娘猫の
プゥと何やら争っている、

「あっ、ずるい、僕が先だ」、「なによ」

息子猫しおしお私のふとんにもぐりこみ、涙声で、

「プゥちゃんたら僕の紙袋とっちゃった」

「僕のって、ありゃ別に君のじゃない、ママがデパートで買物した時の袋だ」

「だって僕が先にめっけたんだ」

息子猫はふとんの中で、

「どうも女は図々しい、僕はなんて要領が悪いんだろ」

ぶつぶつぼやいていたのが静かになり、やがてやすらかな寝息にかわった。

似たような話

ねぇ、ぼく、思うのだけれど、

いつになく真剣な表情で息子猫が話しかけてきた。

今、『吾輩は猫である』を読んでいるのだけれどね、
息子猫は読書家である。私の書棚はもう一尺程で天井に届きそうな高い物だが、その僅かな空間に座り込んで本を読む。もっとも先月はここで居ねむりをしてまっさかさまに転げ落ち、したたかに腰をうって近所の整骨院に三週間通い、猫にあるまじき醜態、と母猫から物凄く怒られた。

あの小説は外国の作品の模倣だとかヒントを得たとか、心ない事を言う人が居て、漱石は憤慨して筆を折った、と言う話は本当かねぇ。

私は言った。真偽は知らぬが、あったとすれば、ホフマンの『牡猫カァテル・ムルの人生観』だな、漱石自身が最後の部分に書いているからね。

そのホフマンって今読めるかね。

私の記憶では昔岩波文庫にあったような気がするが、で、私は書店を走り回ったが見あたらず、岩波の目録にもなく、もう絶版なのか私の思い違いなのか。

過去にも有名な作家の作品が他人の盗作だと問題になったことがあるが、漱石の場合は勿論全然別問題で、それよりあの古今東西の史実、警句、詩歌等々を矢継ばやにちりばめた博識、私は少年時代から何回か読み返しているが、都度、つまり私の知識が僅かなりと

も進む度、作者のさりげなく置いた伏線に驚嘆するのである。

それにしても最近の本の懇切丁寧な事、この作品にも一々注釈が付いており、お陰様で私は、「行徳の俎《まないた》」、「蒟蒻閻魔《こんにゃくえんま》」、等々何気なく読み過ごした警句、故事の意味を何十年か後に教えて頂いた。

山本周五郎に『暗がりの乙松』という小品がある。有名な?盗賊、乙松が伊豆の宿に泊まっているのに気付いた、いっぱしの盗人気取りの若者が子分にして貰い度くて近在の百姓家から手柄顔に金を盗むが、乙松はその家のその後の有様を若者に見張らせる。やがて帰って来た老夫婦と娘の愁嘆場、この金は借金の為に姉娘が身を売った金だったのである。老夫婦と娘は嘆きの余り言う、一家心中しよう、もうそれしかない。自分のした事の残酷さに愕然とした若者は自ら名乗り出て金を返し盗みをやめる。こんな筋書が見事周五郎得意の人情噺に仕立てられ、これはもう私の大好きな短編である。

日本では余り知名度はないがアメリカのF・R・バクリーの邦訳名『無法者志願』(ハヤカワ文庫、三田村裕訳)という作品、有名な西部のガンマン、テキサス・トミーが滞在しているのを知った無法者志願の若者が、と後の筋は山本作品に酷似して居り、乙松と思いトミーと思った人物が実は別人だったという所までそっくりである。

『暗がりの乙松』は一九三六年の作、バクリーは一九三十年代から四十年頃にかけての作家、どうも微妙な所だが、このさして有名ならざる西部小説作家が昭和初期に日本に紹介されていたとも思われぬ、自分の悪事が被害者に予想以上の悲劇をもたらしていた、それを知ったショックが更生の糸口になった、作家としては思い付きそうなテーマではあるが、実に不思議な相似である。

『百合若大臣物語』、幸若舞の作品だが私は幼時、カウダンシャノヱホンで読んだ凛々しい武者絵が懐かしぃ。

蒙古討伐の帰途、船が難破して無人島に流れつき、というこの物語をホメロスのオデッセウス（ユリシーズ）物語の翻案と指摘されたのは坪内逍遥博士と聞いた。でもこんな古い時期なぜこの東洋の果てにホメロスが入って来たのか私には疑問で、数年前、あるえらぁい学者先生に尋ねると、そりゃキリシタンの宣教師が持ち込んだのでしょうな、と一言のもとに私の疑問は氷解し、さすがえらぁい先生は違うと感心したが、我が国へのキリシタン渡来は一五四九年、『応仁別記』に幸若舞盛況とあるのは一四五九年、どうもこっちの方が古いんではないかなと私はまたも、よけえ（これ周五郎的仮名遣い）なことに胸をいためるのである。

めづらしき　君を見むとこそ　左手の　弓取る方の　眉根掻きつれ　（『万葉集』）

眉がかゆくて掻くと恋人に逢えるという俗信があったので、この女は左側の眉をわざわざ掻いた。

この「左側の眉を掻いた」という事に注目し、これを南インドのタミル地方の俗信と共通する事を指摘されたのは大野晋先生である。（學士會会報七七八号）

「俗信は世界の思いがけないところで同じものが断片的に見つかることがある。しかし、南インドと万葉集の間のように、数多く重なることは少ない」

こう言う書き出しで、この眉の話、万葉に出てくるユフケ、タミルのviricci、共に占いの方法だがこの共通点、カラスが鳴くから恋人が来る、これは万葉にもタミルの詩サンガルにもある由、果ては日本のお化けとタミルのそれとの共通、タミルの狸も人を化かすのだそうで、ついでに日本語の「化かす」はタミル語のpakaṭṭuなど、私はめったにこんな難しい雑誌は読まぬのだが、これは実に面白いと言っては失礼、何か古代の日本と南インドとの「同系」を示唆するものがあって御一読をお勧めしたい。

それにしても、幸若舞とホメロスがつながっていたり、日本の時代小説とアメリカの西部小説が共通していたり、もう私の様な単細胞は何が何やら分からなくなり朦朧《もうろう》として、やがて、はったと膝をうち、

してみると地球上のどこかというより、この大宇宙のどこかの惑星に能楽みたいな芸能があってそこにもまたチンチクリンでヘッタクソな笛吹きがいて、その惑星語で、

モチットジョーズニフケンモンジャロウカ
などと日夜思い悩んでおり、こんな空想、雄大というにはあまりに切実に身につまされるので。

地球の裏側で

フランス北西部、イギリス海峡にずんぐりと張り出した半島、ブルターニュははてしない大平原の国である。

中心部の都市レンヌは古い石畳のたたずまいが中世そのままを感じさせるどっしりと落ち着いた街並で、見事な彫刻に飾られた宮殿の様に壮大な建物がなんと中央郵便局で一驚を喫する一方、プランタン等近代的デパートもあり、かなりの都会である、が一歩街をはずれると地平線まで見はるかす坦々たる広野に牛や羊がのんびりと草をはみ、ヨーロッパの田舎は実に本格的に田舎であるな、と変な感心の仕方をする。

札束握って世界中走り回る日本の老若男女もさすがにここまで来る人は少なく、でもたまにレンヌから北岸の街、サン・マロ、特異な尖塔を頂く僧院、モン・サン・ミシェルを訪れるツアーもあるらしい。

この見渡す限りフランス人しかいない茫々たる平原にも旺盛な発展意欲に満ちた日本企業は工場を建て、五百人のフランス人にまじって三十数人の日本人が働いて居、そして我が馬鹿息子第一号、俗称長男も新米社員としてこの街で一人ポツネンと住んでいる。

ブルターニュの冬は寒く日は短い。朝六時半、まっくらな中を愚息のオンボロオースチンは轟然と発進する。夕方五時にはもう深夜のように暗く、略称ボロスチンはぜいぜい悲鳴をあげながら帰って来る。

帰りにね、牛飼いのおばさんに逢って、その牛が素直に横断してくれず、道のまん中で立ち話する牛、車のボンネットに前肢かけて覗き込むのは好奇心の強いやつだな、お蔭で二十分ぐらい立ち往生しちゃった。まてよ、出勤途中であんな目にあって遅刻したらやっぱり滅俸かね。ぶつぶつ言いながらテレビのスイッチを入れ、今や当地では日本のアニメが大流行、何という題か知らぬが柔道着を着た子供達が畳に正座してフランス語を話しているのは私には異様だが故国を遠く離れた愚息の最大の楽しみである。

五世紀、英国から移住したケルト族を祖先にもつこの地の住民「ブルトン」達は一種頑固で狷介《けんかい》な性格らしい、フランスに統合された後もいまだに彼等はイングランド等を大ブリテン、自分達の国をブルターニュ（小ブリテン）と呼ぶ。
私がフランスに来てから、
息子はそう言いかけて即座にフランス人課長に直された。
君、フランスに来てから、ではない、ブルターニュに来てからです。
よくそんな連中ばかりの所で仕事して生活出来るものだな、昭和一桁生まれの私には全くそういうセンスがなく、異星人をみるがごとく我が子をみれば平然と、
ぼかぁ、定年になったらフランスに永住するんだ
あらぁ、じゃ私これからフランス語学校に通わなきゃ
愚妻無邪気に叫び私は呆れておいおいその頃俺達この世におらぬのよ。
都立五中の同級生十人程が集まった時いつもながらの戦争中の思い出話になり、私は思わず、俺達は一方的な被害者だぁ、と叫び満場同感の喝采を浴びた。
生まれた年に満州事変勃発、上海事変、支那事変、大東亜戦争、とその間私達は大東亜共栄圏建設の為の聖戦と教え込まれ、欲しがりません勝つまでは、と本気で辛抱を重ね、私なんぞ最後は正真正銘餓死寸前まで行って奇跡的に助かったのである。軍人政治家だけでなくそこいらのおやじ共が目をつり上げて、非国民、と怒鳴りちらし、それが終戦の日を境にガラリと変わり、いやもう何度も言うまい、戦後派でも戦前派でもない私達、共通

のも死語に近い。

の意識を持ち合えるのは生まれ年にして前後ほんの数年の世代で、大体戦前戦後というも

生まれてこの方、大正デモクラシィとか言うつかの間でも自由な時代があった事を知る機会や、外国語を学び国際的な視野を広げるいとまがあったら。そんな間もなくあの忌まわしい戦争と共に生まれ戦争と共に育った私達は、何の批判力も身に付ける暇をくれなかった大人共に、あの時代に、無念やる方ない思いなのである。

だが、従順で勤勉でまじめくさった我等昭和一桁達は、大人共の無節操な豹変にもふてくされることなく、戦後の日本復興の尖兵としてひたむきに働き続けた。政治経済ばかりではない、芸術文化の面でも。

悲しいかな、育ち盛りを戦争で徹底的に痛めつけられた体は脆い。大学で哲学を講じていたF、学会中ドイツで客死、六十歳だった。ハンブルクの貿易事務所にいたN、仕事を終えて事務所から数歩あるいた所で急死。同年代の訃報がじわじわと増える。戦争に耐え戦後の様変わりにも終始まじめくさってその責任を果たし子を育て、或る日突然心臓が止まりいともまじめに名誉の戦死、こんなのありか?

でも俺みたいにでれりぽぉと世の中ついでに生きている人間は長生きするぜ、だろうね、父親の強がりに愚息面倒くさそうに受け答え。

人見しりが烈しく、幼稚園の入園式で母親のスカートにすがりついて泣き叫んだ彼、そして今異郷の地で異邦人達に囲まれてケロリと、少なくとも平然とみせるだけの余裕をもって仕事に励む彼、どこかで何かが変わったのだ、私達の「マジメ」で無器用な時代と少々違い、今の若い人は新しい環境に対して一種クレバーで「おとなびた」接し方を既に心得ているのかもしれない。

つくづくと思う。私の息子に対する役目はすべて終わった。雛は若鳥となって親の羽根の下から飛び去り、その羽ばたく世界はもはや親の見知らぬ所にある。

男親の感傷をくどくど書いた、これは素人である。プロの手にかかればなに、いともかろやかに一句で、

子の手紙前田雀郎様とあり

人間のまなこ

美人ではないけれど。その下に、親切な旅館のお手伝いさん、とか、声のきれいなガイ

ドさん、などと褒め言葉がつく。これも新聞の投書欄等で時々見かけるのだが、残念ながら、と言おうか、百パーセント近く女性の文章である。ひと様の肉体的欠陥とか、まして女性の容貌のことなど口にしたり文章に書いたりするものではないと思う。

褒めているのよう、と口をとんがらかすなら申し上げるが、褒め言葉だけにしたら良いではないか、美人であるなしと親切と何の関係があるのか。何か女性の冷たく意地悪い一面が覗かれる様で大嫌いな表現である。

ビートたけしの毒舌は有名だがあれも、なんとかブス、等と言われた方が思わず吹き出す様な落語の考えオチにも似た表現の巧みさをとるので、まともな悪意ととってはいけない、とは思うのだがどうも年齢のせいか余り私の好みではなくなった。そう言えば女性の方からも、

ネクタイを上手に締める猿を飼う（森中恵美子）

男を辛辣《しんらつ》に諷したこの句は田辺聖子氏の『川柳でんでん太鼓』からの引用。

私なんぞもここまでズバリとくると、やられたぁ、と苦笑するが、サバサバ読めるのはプロの川柳作家の腕前であろうかそれに比べると、粗大ゴミから始まって、濡れ落葉、わし族、などと言う言葉、誰が考えたか知らぬが、これまた実に陰湿な語感があり、いやでいやでたまらぬ言葉である。

人間四十になったら自分の顔に責任を持て、と言う言葉を聞いた事がある。別に四十でなくともよかろうと思うが、何の道に進んでも大体このくらいの年代になると確かに一つの「自分」というものが出来て来る、また来なければいけない。それが正直に顔付きに出て来ることを言っているのだろうと思うので、顔の美醜とは全然関係がない。

例えば電車の中で他人様の顔立ちを観察してみると、その気になって見れば実にどうも万物の霊長諸氏の顔は面白いもので、意地の悪そうな、人の好さそうな、ずるそうな、正直そうな、皆、そうな、が付くのは実の所ひと皮剥いてみないと何しろ霊長類ともなると一筋縄ではいかないので。でもその本質というものはやはりふと表れるもので、それがどこに表れるかと言うと、人の顔付きの中心と言うのはやはり目付きですね。

落語に「葛根湯《かっこんとう》医者」というのがある。何の病気でも葛根湯を飲ませる医者、目を患って来た患者をつかまえて、「目は人間のまなこなり、葛根湯をおあがり」

ふざけているが、「目は人間のまなこなり」とは言い得て妙である。

先般シドニーに旅して帰途、日本の航空会社だったが、私の席を担当しているスチュワーデスのお嬢さん、二十代後半だろうか、いかにもベテランという感じだがどうも気になる、にこやかで物腰も丁寧なのだが何かとりつき難い、なぜかなと私は暇に任せて考え、やがて、これは旅馴れた人が旅馴れぬ人を見る目付きであるな。

何も人を見下しているわけではない、小馬鹿にした様な態度でもない、こにこにと親切なのだが。
この便は飲物が無料である。酒飲みのいやしさ、私はビールのお代わりをしたくてそのお嬢さんが通る度、口まで出かかるのだがどうも喉にひっかかってしまう。ビールのお代りを気軽に言い出せない目付き。これはお客様に接する業務の人としては失格である。といってこのお嬢さんを責めたらこれはちと酷なので、いくらベテランでも二十代の娘さんである、私にも経験があるが、仕事に馴れきって自らの顔付きに気が付かない時期である。これを通り越すと本当の職業人の顔になるので、もっとも女性の場合そこ迄仕事に徹するか幸せな家庭人になるかの分かれ目の年齢、とこれは余談。
日本語というのは、誠に微妙なニュアンスを持っている。
会社で相手から○○クンと呼ばれた男が帰宅して大憤慨、アノヤロー俺のこと君付けで呼びやがった。怒り狂うのを見た奥方呆れて、
男って猿山の猿ね
しかし、男同士では、さん、か、君、かが気になる事であるらしい。少なくとも目下の人が目上の人に○○クンとは絶対に言わない、だからこの敬称の使い分けで自己の優位をさりげなく表そうという、陰険な心根の奴も居るわけで、そんな時、君、で呼ばれたとて

腹立てずじっとその顔を見てごらんなさい、自尊心と優越感にこだわり過ぎる顔付きとでも言おうか、少なくともこれは決して善い顔ではない、良い目ではない。
それにしても、人がその数十年の一生で培った人格、それは最終的にその顔に出て来るのではないか。人は自身の死顔を見る事は出来ないけれど、温厚で平和で終始自分の人生に誠実であったという顔でありたい。
ぼんやり鉛筆をおいて見回すと、母猫のユニコが電子レンジの上に端然と座り、これは猫一族の統率者というキリッとした目をして居る。息子猫は全く無邪気な目付きで電気釜のご飯粒を嘗《な》めており、娘猫は転んでも只は起きないわよ、ちゃっかりプゥちゃんの名にふさわしく、抜け目のない目で晩ご飯を待ち受け、私は皆を呼び集め、言った。
君達もなwhile御苦労さん、今月で僕の連載も終わり、やぁ、ようやく終わるか、おっちゃん、僕のことボロクソに書きよったもんな
息子猫のレオは快活に言ってのけたがふぃと寂しそうに顔をそむけ、察しの早いプゥがすかさず一声、息子猫も唱和し、あの無口な母猫までが声を震わせ一斉に、
ニャアゴォオウゥ……
猫語をご存じない方のために翻訳すれば、
これでぇええ　おしまぁいぃいい……

高峰秀子の謡曲

昭和十四年に設立され十六年には東宝に合併された短命の会社があった。南旺映画と言い作品はわずか数本に過ぎないが、その第二作『秀子の應援團長』はいくつかの話題を残した。紀元は二千六百年と大騒ぎした昭和十五年の作で当時珍しい職業野球を主題としていた。

アトラス軍はエース大川の出征で、人丸投手の奮戦空しく勝率一割二分の最下位にあえいでいる。人丸投手は灰田勝彦、この投球フォームがまことにほほ笑ましい、中々のものである。そして監督の役はなんと千田是也。高峰秀子は監督の姪の役である。小杉義雄演ずる父親の高嶋一郎は監督の兄、高嶋鐵工所社長として今、時流にのっている。娘が弟の職業野球の応援をする等もってのほかなのである。が、秀子は従姉妹の雪子（若原春江）と共にアトラスの応援に夢中なのだ。

画面には少しだが、若き日のスタルヒン、水原、中島、吉原、苅田等が登場する。当時はまだ、ストライク　ボール　アウト　等英語を使っていた。もっと戦争が激しくなると英語は全面禁止になり、ストライクワンは良い球一つ、ヒットは安打だが、「打ちましたアーンダアンダ」はさまにならない。

さて、低迷するアトラス軍を鼓舞すべく秀子は従姉妹と応援歌を作詞作曲する。

ナインの胸に燃える若い血よ
たのし青い空　仰げ旗はなる
打って打って打って
勝って勝って勝って
ラランラ　ララランララ……

いとも他愛ない歌だがセーラー服の高峰秀子と若原春江が歌うシーンが愛らしく、後楽園スタヂアムの客席からの応援歌が流れるとなぜかアトラス全選手は急に奮いたってあれよあれよと言う間に一躍首位に躍進し、おまけに野球嫌いの父親までがファンになってしまうと言う、めでたしめでたしのお話なのである。

それはさておき、この作品は当時大きな話題をまいた。一つはその主題歌『燦めく星座』画面ではワンシーンだけ、誰もいない球場の片隅で灰田勝彦がひとり静かに歌う、男純情の愛の星の色、これが帝国陸軍の象徴たる「星」を流行歌に使うとは何事か、と禁止された。無茶苦茶馬鹿な話とお思いだろうが、こんな事がまかり通る時代だった。灰田は軍部に気を使ったか丸坊主になり『燃ゆる大空』『雷撃隊出動』等で忠君愛国の軍人を熱演した。もう一つ、高峰秀子が良家の子女のたしなみと謡曲のお稽古を強要され逃げ回るのだがこのお稽古のシーンが面白い。どうも謡曲の発声は独特らしくて、物まね上手の俳優さんも苦手らしい。テレビドラマ等で謡曲のシーンも時々見かけるが、どうにもならぬ、私はどんな名優でもここだけは耳をふさいでしまう。所が高峰秀子はどうして中々なのである。上手とは言わぬがそれらしい雰囲気が出ている。姉娘役の音羽久米子も良い。謡曲の師匠役は、末鮫洲と言う俳優だが、この人少々素養でもあるのかと思うくらいである。ともあれ、高峰秀子の「庭の砂は金銀の」と音羽久米子の「所は海の上」を聞いた方は読者の中でもそんなにはおられるまい。

画面では謡曲なるものが良い所のお嬢様のお習い事である事を強調したかったのか、母親役の沢村貞子のわざとらしいザァマス言葉も巧みである。が、秀子の方は活発な女の子で近所の子供たちを集め野球に興じ、学校帰りに先生に隠れて焼芋買いに勇往邁進する。しりごみする友人に、「あたし断然ユーオーマイシンするわ」と芋を買いに行くのはいかにも戦時用語らしい。

私事で恐縮だが私の親も丁度その頃銕仙会の渡辺達也先生について謡曲の稽古をしてい

るのが自慢で、安サラリーマンのくせにやたら大声の下手な謡で他人様を悩ませていた。大声と言えば画面でも師匠が、はい、腹の底から声を出してオーッとやると音羽久米子がオーッ、隣で高峰秀子が、鵞鳥《がちょう》が絞め殺されるみたい、とゲラゲラ笑う。

今、謡曲仕舞のお稽古をなさって特権階級だと思う方はいない。が、腹の底から大きな声を出すと言うのは本当だ。笛でもお囃子の掛け声でもまず、大きく大きくと言われる。いつぞやテレビでやっていたが、大声を出すのはストレス解消に非常に良い、特に新聞紙をバリバリ破きながらやるのが良いと言っていた。大声で謡曲をうたい、うまく行かない時は謡本をバリバリ破くと謡本が売れて売れて檜書店はトヨタを抜いて所得番付上位に躍進するのだが、これはちともったいない。

最近は野球もサッカーも満員で大騒ぎでゆっくり観戦出来ぬ。こちらはテレビで済ませ、皆様はおおいに能楽堂に足を運び、大声で謡曲やお囃子のお稽古に熱中しよう。さすれば私共も能楽師冥利《みょうり》につきると言うものなのである。

旅路の果て

老いた。私だけではない。往年この欄を騒がせた猫軍団も次々と殪《たお》れた。最初は息子猫のレオだった。一番若くて十歳なのに急に足が弱った。台所の流しにとび上がって蛇口から水を飲むのが大好きだったのに出来なくなった。じっと流しを見上げ身構える。さっと飛び上がり爪が縁にかかる。必死に上がろうとするがずるずると落ちる。心配して見つめる私を横目で見、テレくさそうに言う。

へっ、上がれなくなっちゃった。二月の寒い夜死んだ。

母猫のユニコは同じ年八月の暑い日だった。抱いてバルコニーに降ろそうとするとストンと腰が抜けた。すぐ病院に運んだが、もう体温が冷えていますね、随分苦しかったでしょう、注射をしてくれたが翌朝あの衰弱した体でどう上がったか、猫部屋のジャングルジムの一番上で端然と死んでいた。残された娘猫のプシケは生まれて十二年ずっと母親によりそって暮らして来たので大騒ぎ。お母さんがいなくなったぁ、と声を振り絞って一晩中泣き叫び、声が嗄《か》れてもヒィヒィ言うので私はプゥを抱いて夜通し廊下を往復した。最近ようやく少し落ち着いたが、その記憶力の良さに私達は驚かされた。今は私の椅子に並んで座り、『水戸黄門』のテレビを楽しみに見て居る。

昔は飼っている生き物が死ぬと金魚一匹でも悲しかったが今は少々感傷が薄れてきた。私自身が老境に入り、死と言う現実が近付いて来たせいだと思う。

最近は楽屋入りして私が最年長と言う事が多くなった。舞台に囃子方四人並んで一番年上で一番へたくそと言うのはこれは実にせつないものである。

芸は所詮力仕事と言う面もある。笛も息力が要る。力の落ちたのをカバーして聞かせると言うのも芸の内と思うのだが。だから老いてなお毅然たる舞台を演じた人、また現にはるかに年長で充実した芸をみせている先輩をみると心から尊敬するのである。若い時からの精神と技、両面の精進が実を結んだと言えよう。しかし不幸にしてしからざる老後を迎える人もある。私とて老残の身を舞台にさらしたくはない。何が老体に鞭うたせるのか。舞台への執着もさることながらそこにはまことに現実的な動機がある。

昔の新聞記事だが、ある三味線の名人が六十歳でピタリと舞台を去った。以後は素人として時折演奏したが、これが実に良かった。こんな具合にいかにも潔い芸人の引き際と言う美談調に語られているのだが私は思った。この人は六十歳以降一体どうやって生活したのだろうか。

　私が六十五歳になった時、役所の年金課なる所に呼び出され、散々威張られた末知らされたのは到底老妻と二人が生活できる額ではなかった。私達が舞台を中々去れない一つの理由は働かなければ暮らせないと言う事もある。今の能楽各会で所属の楽師が引退を申し出た時、以後その生活を保障して上げられると言うのは中々難しかろう。能楽の興行と言う事業自体そんな収益力を持っていない。

　幕府や大名の庇護の元に栄えたこの芸能は非常に贅沢に完成された。野球の様に一回数万の観衆を動員したり、歌舞伎の様に何十日も昼夜興行をうつこともない。高価な衣装と能面をつけてせいぜい四百人程の観客の前でただ一回だけの演能をする。お大名ではなく今の観能とお稽古の対象は一般の能楽愛好家諸氏である。私達の側からの努力と言えば、質の高い演能に全力を傾注して能楽愛好家層を拡げていくと言う事が何より大事であるし、受け止める側のリアクションと言うのも能楽の存立の為には不可欠の事と期待を込めるのである。とは言え今は圧倒的な財力と権力をもったスポンサー等望む方が無理なのだろうか。

　能楽に限らずそして古今東西を問わず、古典劇に携わる者にとって安楽な老後と言うのはどうやら期待してはいけないものらしい。

昭和十四年のフランス映画「旅路の果て」重苦しい主題を陰惨にならずに仕上げたジュリアン・デュヴィヴィエの手腕は軽快だが心に残るものは憂い。老いの身を俳優養老院に託す人達、過去の華やかな記憶を、報われなかった苦い思いをそれぞれに胸に秘め、経営難に苦しむ院長の悩みも知らず無邪気に待遇改善を叫ぶ役者子供達。

画面に出る現役時代のいくつかの元気なセリフ「私も何度か引退を考えた事がある」「疲れた時は皆そうさ」「役者は舞台が生命、平和な老後なんかない」。だが部外者である院長の見る目は冷静だ。「役者の生活は一種独特、皆思い出だけに生き、(世事は)何も知らん」。

あの奔放にして狂った、ルイ・ジュヴェ演ずるサン・クレールが、謹厳なる古典劇役者マルニーを演じたヴィクトル・フランサンが、そして誰よりもミシェル・シモン扮するあの男、お調子者のうわべの下に隠された下積みの役者の悲哀、最後の舞台も失意のまま死んだ老カブリサードが、我が身のごとく今も目に残るのである。

さて女性諸君

お茶でも謡曲でもお稽古事と言うのはご婦人のお弟子さんが多いようだ。女性の社会進出と言ってもまだ女性の方が家庭に在って男性よりいくらか自由時間が作れるのだろうか。と言う訳で拙宅にもお稽古日にはぞろぞろとは参らぬが女性の方ぼつぼつとお見えになる。以前も書いたが、私は美人とかそうでないとかを何等かの尺度にしてはいけないと思うし、ご本人も自慢したり滅入ったりしてはいけない。なぜならこれは先天的な事であって全く本人の責任ではないからだ。神様だってお忙しい。お創りになる時多少の差が出る事だってあろうと言うものだ。

かく申す私だって男の中ではひどい方だ。でもこんなハゲデブチンチクリンがのそのそ舞台に出ていっても世間は寛容だ、クソジジィヒッコメェと座布団もとんでこない。ブスなんて言う言葉でカリカリしてはいけない。

アハハと笑いとばすくらいのゆとりを持ちたい。但《ただ》しいやがる人にこの言葉を使ってはいけない、これは用語ではなく礼儀の問題である。

人間にとって大事なのはもっと内面的な事だ。「性格」は生まれつきのものも大きいがこちらの方は後天的な、自省と自制の力で矯正出来る。私は非常に生意気な所があって、余計な事を言って礼を失する類の事もあり一方でくよくよする方だからしくじっては落ち込んでいた。ようやく七十に近づいて極力余計な事は言うまいと努めて居る。

そこへいくとうちのお弟子さんの中には物すごいのがおる。稽古はサボる覚えは悪い文句は多い月謝は安い、クヌヤロヤルキアンノカァと怒鳴ればアリマッセーンとにっこり笑う。ああ言えばこう言う。だがこれは口だけで、皆実はこよなく能楽を愛し、多忙の仕事や家事をやりくりしてやって来る人達である。それに最近のアパートやマンション暮らしでは鳴物の稽古もままなるまい。

またお弟子さんには内科医、歯科医がおられ何度か助けられた。数年前には精神科の女医さんが弟子入りしたので「しめた」と思った。これからの本命はこれだ。本人は気付いていないが私は老人ぼけが進行している。所がさすが専門職だけあって早くも私の精神構造を見抜き、この所足が遠のいている。だがお父上が産科医で倅《せがれ》の嫁さんのおめでたの時は大変お世話になった。

しかしやはり職業をもつ方々はお忙しい。そこへいくと世のお嬢様奥様方はまだいくらかお暇があろうと、話は戻るので、世の女性に告ぐ、と大見得切る程の事ではないけれど少しでも暇を作って何でも良いからお稽古事に打ち込むのが宜しい。お年をとってからお始めになっても宜しい。頭の体操、心の張り、今度の発表会は上手に出来るかしらん、などとドキドキハラハラなさるのもボケ防止になる。また以前から続けているお稽古事を、体が弱った足が利かない、などとお止めになってはいけない。益々弱る。ただお稽古事と言えば外出が多い。夫としては、妻は家にいて家事なんぞをしていてほしいと言う極めて利己的な願望がある。これをどうさばくか。男性の理解を求めると言うのは最も正攻法で、なかんずく亭主ぐるみお稽古にのめり込むとくれば最高で私としてもまことに喜ばしい。中には「あたし主人に内緒でお稽古に来ていますのよ」と言う豪の者もおられるがなに、人にもよるが男なんてのは酒一本持たせて放し飼いにしておけばおとなしく遊んでいる、他愛のないしろものなのである。威張らせて稼がせてさっと稼ぎを取上げ、やりたい事をおやりなさい。

家事は、いかに手抜きで最高の能率を挙げるか、が大切、育児が大変とおっしゃるが、幼児期を脱するまでにきっちり躾《しつけ》をつけておく。子供の喧嘩に親が出てはいけない。子供の進学で騒ぐのは愚、母親が受験する訳ではない。超越的な発想をなさらぬと暇というのは作れない。

私の所でも婆さんが日本舞踏とやらで稽古するのされるのと出歩いておるが、実の所私とて女房が家事に専念して、と言うわがままな気持が内心ないでもない。

四字熟語をもじったのが、これは以前から或る保険会社でやっているのだが、中で印象に残る傑作「料裁健母」私は思わず膝をうった。料理裁縫が得意で健康そのものの、往年京塚昌子演ずる明るいおっかさんなど思い出し、これですよこれ、これこそ世の妻たり母たる者のあらまほしき姿でありますのだ、と田辺聖子調になり、よぉし今日こそはうちの婆さんにもとっくりと言い聞かせてやるべぇ、いきおい込んで玄関をガラリと開ければガランとして私ひとり黙然とビールの栓を抜き、

良妻で賢母で女史で家にゐず　　三太郎

笛のお稽古

能楽のお囃子と言っても、笛 小鼓 大鼓 太鼓 とあるが、まずは私の専門から少々お話

したいと思う。

能の笛 能管《のうかん》 と言うのは実に不思議な楽器である。

それだけにこの笛をお稽古なさるのも面白いと思う。

この笛は本来、竹で出来ているが、これは何十万円もする。幸いなことに近年、プラスティックや花梨《かりん》、あの家具などに使う固い木だが、これで作ったのが、二、三万円でこれは檜書店でもすぐ求められる。素材が違うだけで構造的にはほとんど変わらぬから入門用には十分だと思う。

能管を実際に手になさったことのない方にちょっとご説明するが、本来は煤竹《すすだけ》と言う、「いろり」のある古いお寺や農家の天井にあったものの百年以上たったのを使って、これも一本ではなく何ケ所かで継いである。竹を縦に割ってくるりと裏返しにする、固い皮の部分が中になる訳で、こんな製法もあるそうだが、今は丸のままの竹の作り方が多いようだ。

雅楽の横笛を元に出来たと思われるので雅楽の笛と外観はほとんど変わらない。頭部の飾りが雅楽のは錦で能管は頭金《かしらがね》と言って金属製なので見分けられるが、実際に吹いてみればすぐに分かる。能管はオクターブの出ない珍しい楽器だと言う事、その一つの解明が音響学者、安藤由典氏の『楽器の音色を探る』(中公新書) にある事は前に書いたが、能管の歌口と言う吹く穴と一番左の指穴との間の内部にもう一つ竹管を入れたが為にオクターブが出なくなった、これは全く偶然に雅楽の笛の折れたのを修理する為にした事が能管の音程として受け入れられた、真円ならざる茶器に美を見いだしたのと共通する日本人の美意識である。これが安藤説の概要で、かなりの推論を含んでいるが私には納得出来る。

話が固くなった。さて、能の笛には指穴が七つあり、右の指で四、左で三を押さえ演者からみて右に構える。祭囃子で左構えの人を稀に見かけるが正式には右だと思う。フルートもそうだし、ルーブル美術館の横笛を吹く男性の彫像も右構えである。第一、能の笛方が座付くと演者の左は笛柱と言って柱と笛方の間をお後見や役者が通られる、ここで左に構えたら危なくて吹けない。

お稽古の話に戻る。笛のお稽古をなさりたいと言う方に水をさすようだが、能管と言うのは竹筒に穴をあけただけの楽器で、これに息を吹き込んでその共鳴で音色を出すのだから、力とコツが要る。人にもよるが最初から綺麗な音が出るとは限らぬからここでまず辛抱が要る。何のお稽古でも同じと思うが、うまずたゆまず、それもご自分の本職や家事の間にこつこつと工夫なさる事。

まだある。唱歌と言うのを覚えなくてはいけない。唱歌と言っても オウマノオヤコハナカヨシコヨシ などと言うのではない。しょうが、と読んでいわば笛の譜である。「村の鎮守の神様の今日はめでたいお祭日、ドンドンヒャララ」あのヒャララとか、祭囃子のピーヒャラドンドンドン　あのピーヒャラが笛の唱歌と思って頂きたい。能管のはオヒャライホウホウヒとか、オヒャイトヒュイヤオヒャロルラとか、奇妙キテレツと思われるかもしれぬが、これを大体実際の笛に近い旋律で謡うのだが慣れないとどうも恥ずかしいらしい。昔の話だが、若いお嬢さんの始めてのお稽古でまず私と一緒に唱歌を謡い、さぁ今度はおひとりでやってごらんなさい、と言ったら、「エエッ　コレヲアタシガ　ヒトリデ？ウッソォ　ヤッダァ　ギャハハ」　虫歯丸見え大口あけて笑った。以来お弟子さんに唱歌を謡わせるのが遠慮になってしまったのだが、やはり唱歌は大切である。舞台で笛を演奏する時は譜を見ない。私も唱歌をまずしっかり覚えない中は笛に触らせてもらえなかった。笛の稽古だけではない。舞囃子で笛だけの演奏でお舞いになる所では先生が唱歌を言いながら教えて下さるでしょう。唱歌を知らなくては正確に拍子を踏むことも出来はしない。まず唱歌を覚える事、但し熱中の余り電車の中ではなさらぬ方がよい、バカか変人と思われかねない。始めは先生や相弟子の方とご一緒になさるのがよい。会社のエライさんや令夫人が声をそろえて「イチニッ　オヒャライホウホウヒッ」なんて童心にかえってほほえましい。

笛の曲と言うのは謡曲程数多くはないが、通常「中の舞」と言う、『草子洗小町』とか『吉野天人』と言った曲の中に出てくる、これは中ぐらいのテンポの曲と言う意味だと教わったが、この曲からお稽古を始め、「男舞」これは『小袖曽我』の曽我兄弟とか、『安宅』の弁慶の舞う勇壮な舞だが、さらに『高砂』の「神舞」、『羽衣』の「序の舞」等と進む。

さて次なる関所は実際に笛を吹いて音を出す事。次回はこの風変わりな楽器をいかに吹きこなすかと言う、いや別にご期待を乞うと言う程の事ではない、毎度馬鹿馬鹿しいお話でなにも日本経済の動向に係わることではないので。

ドレミの歌ではなく

私のことに限って言えば、お笛のお稽古にみえる方は二つに大別される。

一つは謡曲仕舞鼓などをたしなまれた上で能の笛をなさりたいと言う所謂《いわゆる》能楽愛好家、もう一つは能を御覧になった事もない謡曲も知らぬが笛を吹いてみたい、それも中には何の笛でも良い、教えて下さいと言う方。上達の進みはどちらが早いと言うことはないが、私は後者の方にも興味をひかれる。と言うのは私自身が同様の経歴なので。私は謡曲ファンの両親の影響でこの道に入ったのだが、一方何故か笛の音色に心ひかれたのも事実である。

残念ながら私は能管以外の笛を吹いた事がない。フルートも篠笛《しのぶえ》も竜笛《りゅうてき》も尺八も。やってみたい気はあったのだが本業だけでももて余しているのが他の楽器まで手の回ろう訳もなく、他の管楽器との奏法やら音色等の比較、は余り出来ない。だが過去お弟子さんの中にフルートをなさる方が何人かおられたがいずれも能管の奏法はすぐ会得された。しかし、始めて笛を手にされる方は、たちどころに妙音をかなでると言う訳には参らぬ、妙音どころか妙な音も出ない。まずスウスウ言うだけ。この笛は竹に口を当てて吹く穴が一つと指でふさいだりあけたりする七つの穴があいているだけで種も仕掛けもない。安藤由典先生の言葉を借りれば、エアリードと言って吹き込んだ息を竹筒に共鳴させて音を出すと言う極めてシンプルな構造で、実は先に述べたフルートもエアリード楽器なのだが単純なだけに吹奏しにくい面がある。

始めての方はまず三ケ月から半年ぐらい辛抱して頂きたい。その間フウフウ言って、丁度空気枕や風船をふくらます時すうっと頭から血が下がるようなぼうっとするようなことがあるが、そんな時は一休みしてまた始めると言う、何もそんな思いをしてまで笛吹く事はないじゃないかと言う方には御縁のないしろものである。でもこの音が出だすとたまらなく面白い。お弟子さんも、のめりこむと夢中になられるらしく「家で一時間ぐらい稽古してしばらくして また吹くと急に調子が良かったりします」とか「雨上がりでカラッと晴れて湿度と温度が適当に上がる時は良いです」などと体験談を話されたりする。一々もっともな事実なのである。

但し昨今は、どこで笛の稽古をするか、と言う場所が大問題である。笛に限らず鳴物のお稽古は皆この悩みをかかえている。最近はプロの方もマンション等の集合住宅住まいの人がおられるから深刻な問題である。日本が狭いから、と言う訳でもないらしい。昔サンフランシスコにお稽古に行っていた事がある。お弟子さんが自宅で「バンシキ早舞」と言う甲高い調子の曲を練習していたら隣家から烈しい苦情を持ち込まれ、車を高速道路の立体交差の下に止めて車の中で練習したと言う話を聞いた。あの広いアメリカでもそんな事がある。私は自宅で自分もお弟子さんもお稽古しているが、幸いと言うか近隣でも一番古い家であり、あの家には分からず屋で怒りっぽい爺さんがいて何か言うとすぐ獰猛な猫をけしかける、と憎悪といくらかの恐怖の目でみられているから、私の笛に婆さんの日本舞踊、伜の嫁さんピアノ弾き、日がな一日ドンガラガッチャブウブと春団治風の騒がしさ、また田辺聖子調だが委細構わずやっている。

ここで、うるさい、と言うのが、ヴァイオリンでもハイフェッツが弾けば名曲で素人がやれば鋸《のこぎり》の目立て、と言う意味の騒がしさなのか、名人がやってもうるさいと言う事なのか、確かに一流のピアニストも近隣に迷惑をかけぬ様防音室で練習なさると言う話しは聞いた事はあるが、それと別に能管の音は音楽かと言う問題はある。敷衍《ふえん》すると能楽の音楽性と言った問題になり、この論議は「音楽性」なる言葉の概念規定から始まるので再の機会に譲りたいが、浅見真高先生の大著「能の音楽性と実際」(音楽之友社)はご一読なさると良いと思う。

音楽はドレミファのみにあらざるを……と詠んだのは馬場あき子氏だが、能管こそはドレミファにあらざる旋律を奏でる不思議な器物で、遠音がきき、その音色はもちろん金管楽器と違うが篠笛や雅楽の竜笛とも異なる、非常に尖鋭的に人の耳朶《じだ》をうつ、横笛と言えば人々がイメージするであろう余韻嫋《じょうじょう》々たるそれとは全く異なる烈しさを秘めたものなので、これを楽器と称するか、その旋律を音楽と聴くか、全く聴く側の感性にたよらざるをえない。付け加えるが、これをおかしな旋律と思う人は音楽を解さない人だと言っているのではなく、これを否定する感覚も必ずしも間違いとは言いきれない。

ただ、能管の音色と旋律を諾《うべな》うのは謡曲の発声と節に魅せられるのに共通する美感なので、こう言う方が能楽の愛好家になられるのだろうと思う。

お稽古の頃

昭和二十五年、朝鮮動乱なる、同じ民族が争う悲惨な戦いが起こり、日本は軍需景気と言う余り褒められた話ではない誘因で急速に国力を回復した。それまでは終戦直後と言う感じが全く抜けず極端にひもじい時代が続いていた。

それはさておき、私が囃子事の稽古を始めたのが二十五年、日本復興の始まりと偶然、機を一にしている。

偶然と言えば笛の寺井政数先生に出会ったのは全くの偶然、太鼓の金春惣右衛門先生（当時の惣二）の門をたたいたのも大鼓の瀬尾乃武先生に師事したのも全く何かの御縁としか言いようがない。金春先生は当時海軍から復員して駒込の染井能楽堂の離れに住んでおられ、笛の一噌仙幸氏のお父上の正之助先生もここに住んでおられた。

今も忘れぬ事がある。ある日学校の帰りに太鼓のお稽古によろうと思っていたのだが手元に三十円しかない。これは学校から駒込経由で帰るギリギリの金額で、私は昼飯を抜く覚悟でいたのだが、さて昼頃になると腹がへってどうにもならず、十円と外食券一枚でコッペパンを買い水道の水を飲んで飢えをいやしたのは良いが今度は駒込まで十円の都電代がなく、七月の炎天下をテクテク駒込まで歩いた。

太鼓のお稽古の時は良くお弟子さんのお相手で笛を吹いたり笛の唱歌をうたったりさせて頂き、自分の稽古の番が来ると、あぁくたびれた、君自分で唱歌を言いながら太鼓を打ちたまえ、と言われ、「楽《がく》」と言う長い曲を、オヒャラトロリヒュイヤリヤなどと怒鳴りながら太鼓を打った。これは後年非常に役にたった。数年後、九州出身と言う色のまっ黒ないがぐり頭の少年が入門されたが、『三輪』でも『龍田』でも一曲一回であげてしまう、大変な勉強家だと感心した。この人が大鼓の柿原崇志氏である。

瀬尾先生は池袋にお住まいで、ある日私が学校の帰りお稽古に行こうとお茶の水から電車に乗ったらバッタリ瀬尾先生と一緒になった。やぁとニコニコ話しかけられたのだが、私は池袋までの電車の中で今日のお稽古の分を覚えるつもりだったからたまらない、先生の前で謡本をひろげる訳には参らず、さて本番になったらシドロモドロ、さっきニコニコしておられた先生が一転秋霜烈日《しゅうそうれつじつ》のごとく、あの失敗は今も身にしみて忘れない。

もう数十年前になるし政数先生も物故されて久しい、時効と思ってお話しするが、小鼓の稽古だけは遅れていた。ある時先生に「小鼓の稽古をしたいのですが」とご相談したのだが、ものすごい勢いで怒鳴られた。「本業の笛もろくすっぽ出来んくせに生意気な事を言うなッ」でもお相手の事を知らずに笛を吹けはしない。今思えばこれは私が悪かった。まず、師匠と言うのは雲の上の方である。なれなれしく相談などしてはいけなかった。悪い言葉だが先生に内緒で学べば良かったのだ。物を盗んではいけないが芸だけはいくら盗んでも良いと昔から言う。昔は向かい合って懇切丁寧に教えて頂くと言う事はなかった。見様見真似聞き覚え、苦心惨憺《さんたん》して覚えた事は忘れない。私も一計を案じ、観世流小鼓の故敷村鐵雄先生の門をたたき、内緒で小鼓を教えて下さいよ、やだよ、君の先生おっかねえもの、そんな事言わずにお願いしますよ、無理やり入門させて頂いた。晩学なので必死だった。

そんな昔を考えると十数年前から始まった国立能楽堂の養成事業と言うのは素晴らしい。千駄ヶ谷に足を運べばそこには各役の先生方がおられ何でも教えて下さる、月謝も要らぬ、なぐられる事もない（だろう）。あの頃こんな制度があったらもう私は無遅刻無欠席でむさぼるように稽古に励んだと思う。掘り出せば無尽蔵の宝の山である。

時代は変わった。お相撲でも昔は「無理偏にゲンコツと書いて兄弟子と読む」と言ったが今はそれ程の事はあるまい。またスパルタ式の教え方が強く優秀な人間を生むとは限らない。学校のような養成法で生徒は皆さして苦もなく芸を覚える。私はこれで良かろうと思う。その先は本人次第だ。また受け入れる側の能楽界にも変化がみられると思う。私が先生の後見で楽屋入りする時は、外でトイレに行き食事も済ませていつ何を言われても良いように臨戦態勢だったし同年輩の人達も皆同様だった。昨今の楽屋は若い楽師の方でも世間話もするし白い歯をだし笑う事も出来る。私はこれでも良いと思う。むしろ問題は別にある。

能楽は、明治維新の時、昭和の大戦争の時、危機に瀕した。その都度先人の死に物狂いの努力で危機を脱し、隆盛の道を歩む事が出来た。だが半世紀以上の平和の結果はまた世襲に拘《こだわ》るといった独特な社会意識が生れはしないかと危惧するのである。不況は長期化し、芸事どころではないと言う深刻な時代が来るかもしれない。よそ者でも勉強次第で活躍出来る社会であるように、また、よそ者程一層芸の世界の「しきたり」に気を配り、一分の遺漏もない張り詰めた意識で楽屋に入り、舞台を勤めてほしい。

失敗は成功の？

昭和九年のドイツ映画『別れの曲』、パリでの初めての演奏会の舞台に出ようと言う間際、ショパンは故郷ポーランドの同志達が革命蜂起した事を知る。静かにモオツァルトのメヌエットを奏しはじめた彼が突如激情に駆られ自作の曲を弾き出す。烈しく鍵盤をうつショパンと故郷で戦う仲間達が二重写しになり……十年以上前、教育テレビでこれを放映した時ここに『革命のエチュード』と言う字幕が出た、がこれは『木枯らしのエチュード』であった。画面につられてつい「革命」をイメージしたのか、一つの思い違いで十何年後『観世』誌でこんな事を書かれてはＮＨＫもご迷惑であろうが別にけしからん等と言うのではない。生身の人間に間違いは付き物で失敗を踏み台にして成長して行くのも人の努力の一つである、と言う事で私も昔々の失敗談を少々、なんだ結構ドジやってんだな、と皆様が安堵？され、よしそれなら自分もめげずにやるかと、元気が出ればお慰み、まずは語るも涙聞けば吹き出す懺悔録。

四十年以上前の事、私の先生がご病気になられ突然代役を言いつかった。『鍋八撥《なべやつばち》』と言う狂言の中の「棒の笛」と言うのだが私はまだ見た事がない、お稽古を受ける暇もなくとんで行き、唱歌で言うとホヒトホヒトと繰り返すだけだがシテが棒を振るのに合わせるのがうまく出来ず、お相手は先代山本東次郎先生であったが全くご迷惑なされた事であった。後年この曲も何度か勤めたが慎重にお狂言方と申合わせている。あの世へいったら先代東次郎先生におわびしてもう一度お相手願いたいと思っている。

これは不勉強ゆえのミスだが知っているのに間違えたと言うのはまた違った悔恨がある。これも四十年以上前の修業時代、金春流の稽古能で『忠度』の時である。後の待謡につけて後シテの出に「ヒシギ」と言うのを吹く、能の始にも吹くヒィヤァヒィと非常に鋭く甲高い笛だが、金春流の『忠度』の後は「カシラ越《こし》」と言ってヒシギをヒィと一回吹くのに私はつい普通に吹いてしまい、途端に大鼓小鼓が「カシラ越」の手を打ち出し、はっと気が付いたのだが後の祭り、カッと頭に血がのぼり今度は「人倫において専らなり」と観世流は本ユリでユリの「アシライ笛」を吹くのだが金春流は半ユリである。ここでひょいと笛を構え「アシライ」を吹いたから話が途中でなくなってしまい、これを業界用語で「ほうり出された」と言う。また、金春流に限って「海上に浮かむ」と「カケリ」と言う短い舞になる。これも心得ていたのだが、もうここまで来ると頭はまっ白、茫然としていると地頭の高瀬壽美之先生が「カケリ」の唱歌をうたい出され、私は慌てて吹き出す始末、惨憺たる有様であった。

よくよく緊張かつ冷静でないと心得ている筈の事がその通り出来ず、結果「しくじり」になってしまう、これは場数を踏むと言うか経験のもの言う面が大きい。だから重い曲をお稽古は出来ているのに年齢がいかないと中々やらせて貰えないと言うのは意地悪ではない、体験が身に備わるのを待つのである。

昔の師匠と言うのは「金春流はカシラ越だよ半ユリだよ気をつけるんだよ」等と親切に教えてはくれはしない。御役を頂くと、受けても宜しいでしょうか、よかろ、いっといで、これだけで後は自分で良く調べる聞いてまわる、同じ曲でもお相手の流儀で違う事があるから十分心しなくてはならない。その代わりお客様には申し訳ないが満座の中で恥をかいた事は身にしみて忘れない。

失敗はしないにこした事はないが、失敗したら言い訳しないで謝れと教えられた。つらいけれど言い訳しない、次から気を付ける。またお若い方が近々の失敗談を人前でなさるとテレ隠しになりかねない。棺桶に片足半つっこんだ老人が数十年前の事を言い遺すからまぁ勘弁して下さいと言う事である。

高瀬壽美之先生で思い出した。昭和二十年代も後半に入るといくらか世の中も落ち着き、私も家庭教師のアルバイトを得た。先方はどこかのエライさんで中学生を教えたのだが、奥方と言うのが取り澄ました方だった。ある日珍しく私に話しかけ、あたくしお謡を致しますのよ、高瀬先生だと言う。よせば良いのに私は、ははぁ、お流儀は表ですか裏ですかと、全くふざけて言ったのだが先方は大笑い、お若いからご存じないのね、あれは茶道ですよ。

ところがところが、その数日後、七十九世宗家金春信高先生のお父上、八条先生が水道橋で『景清』を舞われ、私の師匠が笛だったので私は後見で舞台に出、座ってひょいと見ると最前列にかの奥方がおられるではないか。ばったり目が合い、先方はきょとん私は愕然、やがてからかわれたと知った時のあの気位高き奥方様の憤怒の形相が思いやられ、私は即友人に家庭教師の役を譲り、有力な収入源を失ったのである。失敗は成功のもととは限らぬが、口は災いのもとと言う一席。

特攻隊員達の生と死

戦争も末期に近い、昭和二十年四月六日、戦艦「大和」は絶望的な旅に出た。海上特攻隊トシテ沖縄に突入シ……無謀な命令に従って大和に随伴したのは第二水雷戦隊旗艦「矢《や》矧《はぎ》」と駆逐艦八隻。矢矧の第四分隊長兼測的長　池田武邦中尉は海軍兵学校七十二期、二十一歳の俊英、生え抜きの矢矧マンだが水上偵察機搭乗員　大塚常夫少尉は十日程前転属したばかりだった。九州の沖合なのに日本機の姿は一機もなく「大空を埋め尽くす」米軍機が艦隊に襲いかかり、七日正午過ぎに始まった戦闘は二時間余で終わった。

矢矧防御に活躍したのは海兵七十三期の中本中尉等だった。部下を激励して誘爆しそうな魚雷を次々に海中に投棄すると言う難作業を見事にこなし、為に僅か八千余トンの軽巡洋艦は魚雷七本、爆弾十二発の直撃を受けながらなお応戦を続け、米軍の驚嘆の的となった。だが中本中尉は海に飛び込む所は目撃されたが以後姿を見た者はいない。

午後二時三分、矢矧は健闘の末沈没、海に投げ出された大塚少尉は愛機を見つけフロートにつかまろうとしたが「くるんくるん回ってどうにもならん」手近な材木につかまると偶然二水戦の古村啓蔵司令官も一緒だった。

戦闘力を失って漂流する日本兵とボートを米軍機は執拗に銃撃し、わが機銃の命中率は五〇―七五％と極めて高かったと記録した。漂流者の群の中にマーチン飛行艇が着水、近くにいた池田中尉はとっさに階級章をもぎとった。将校と知られて捕虜になるのを恐れた為である。だが飛行艇は自軍の漂流者だけを救助し悠然と飛び去った。

大塚の漂流が始まって二時間、体温を海水にとられ、たまらず小便をジャーとやった。温かいものが冷えきった体を伝って上に上がり気持良かった。何度もやった。

「大塚君、もう五時を過ぎたな」司令官のは当時珍しい防水時計だった。その時艦影の近づくのが見えた。重油でネトネトになったロープをくわえ両手で必死に上がった。「救助急げ、前進をかける」艦橋からの怒鳴り声と同時に甲板にころげ上がった。駆逐艦は「初霜」で航海長は池田と海兵同期の松田清中尉だった。「おい飛行科士官、一杯やれよ」出されたウィスキーを一気に飲み大塚はげぇげぇ吐いた。まっ黒な重油をとめどなく吐いた。これが胃洗滌《せんじょう》になって助かったと今も信じている。佐世保に生還したのは駆逐艦四隻。二時間で三千七百余の生命が失われた。

櫻が咲き、軍需部の職員がバレーボールに興ずるのを大塚は宿舎の窓から別世界の事のように眺め呟いた。「僕は実に残念な事をした。支給された羊羹を沖縄に着いたら食べようと大事にしまったまま海に沈めてしまった」

彼らは皆、一階級進級して終戦を迎えた。池田武邦大尉は設計家になり、霞ヶ関ビル新宿三井ビル等高層ビル建築の先駆者としてまた、ハウステンボス、オランダ村等のテーマパーク、更に高知能楽堂の設計等多彩な才能を発揮して建築界の重鎮となるかたわら、夫人と共に観世流謡曲を楽しみ、能の笛の稽古に励む。松田清大尉は内科医になり、観世流のベテランである。海兵同期の坂元正一大尉は急降下爆撃機搭乗員から一転、産科医となり、美智子様や紀子様ご出産の主任医と言う名医になった。大塚常夫中尉は故郷熊本で小学校の校長に、同期の親友廣内重明中尉も高知で喜多流の謡曲に能の笛にと悠々自適である。

それぞれ平和な生活を取り戻したが「あの時」の青春の爪跡は深い。池田は国立能楽堂での古希の祝会で挨拶した。私は昭和二十年に、一度死んだので今五十歳のつもりです。戦争と言う名の殺し合いが限りなく無意味で無惨な事を身にしみて体験した人達が忘れられた時また勇ましく軍靴の響きが轟《とどろ》くのではないか。現に自衛隊の活動範囲は拡がり米軍は駐留を続け、核兵器は大和の四十六サンチ砲弾の数千倍の威力で地球を破壊する。こんな物でどこの国とどんな理由で殺し合いをしようと言うのか。

助かる当てもなく四時間泳ぎ続けた人、グラマンに襲われ地獄を覗いた人、今謡曲に囃子事に余暇を楽しむ、生命ありてこそ。今は軍事教練も徴兵検査もなく、無駄なくやりたいお稽古に集中出来る。無駄なく、とは無駄に死ぬ事もなくと言う意味を込めてだが。プロはもちろんだが、ご趣味でなさる方も天恵と言うべきこの幸せをフルに活かし、年齢を超えて根気よくお稽古をなされますように。

名人の出現は能楽師自身の天性と努力によるがそれを支える能楽愛好家層の厚みにもよる。だが戦争の時能楽師は全く無力で活躍の場と支持層を失う。先代喜多六平太先生はすでに五十年前に言われた。戦争なんてものがなくなって平和な時代が永く続かなきゃ何百年に一人と言ふ名人だって出そこなふだらうね。

参考　池田武邦他『矢矧鎮魂の文』、大塚常夫『錨と翼の一年十ケ月』、文春文庫『ドキュメント戦艦大和』、辺見じゅん『男たちの大和』　文中一部敬称略。

人さまざま

山本周五郎の『鼓くらべ』を読んで感激しましたので、と女子学生が入門された事があった。この作品は昭和十六年一月『少女の友』に発表されたが決して少女小説ではない。但し私がこれを読んだのが若かったせいかその時は少々同感し得ないものを感じた。十五歳の少女で小鼓の名手と言う設定は措くとして、この若さで、芸は人前で賞をとろう、相手を負かそうと争うものではない、と言う取り澄ました境地になる、と言うのが不自然に感じた。今思えばこれは小説である。「芸術は人の心を楽しませ清くし高めるためにあるもので誰かを打ち負かすための具ではない。音楽は人の世で一番美しいものだ」作中で観世市之丞に言わせた言葉は作者の一貫した芸術観であった。

さて現実の私自身のなりわいに立ち返ってみると、芸の上手になりたい、と言う気持ちはあるし、なくてはならぬが、その上に「人よりも」と言う冠は少なくとも私の場合付かない。むしろキザな言い方だが、他人より自分との勝負ではないだろうか。心の中の戦い、と言う意味で。

人には生まれつき器用と不器用がある。音痴とは通常音程の外れる事を言うが、リズム音痴と言うのもあるらしい。邦楽には間《ま》と言う言葉がある。リズム、テンポと言った概念に近い言葉で、明治時代『間がいいソング』と言うのがあり、なんて間がいいんでしょ、と言う流行語が生まれたそうだが、間が良い、間が悪い、間抜け、間延び、皆邦楽から来た言葉である。

能のリズムは八拍を基本として洋楽のそれに比べれば、より簡明にみえるけれど一種独特のものがあり、この間《ま》が中々とれない方がある。これを世間は不器用と言うかもしれない。だが話はこれからが大切。不器用は駄目かと言うとさにあらず。先代金馬の落語の中で「器用がいい加減やるよりも不器用が一生懸命やった方が良いことがあるよってぇます」と言うのがある。私の師匠も同じ事を言われた。プロになって随分たってから「もうお前は駄目かと思ったよ」とポツリと言われた事があった。不器用だから駄目と諦めてはいけない。さりとて、この話を聞いて、不器用でも良いんだ、見込みがあるんだと安心してはいけない。不器用な人にはハンディがある。急がば回れ、と言うけれど回らば急げ、と言うのも真実である。不器用なるがゆえに回り道を始めたら、普通の人の数倍の努力をしないと追いつけない。

私のお稽古におみえになる方の中にもはっきり言って不器用な方がおられる。中々笛の音の出ない方、間の取り方の悪い方、そのままおやめになる方もあるが、教える方が辟易《へきえき》する程熱心に頑張る方がある。現に一人の方は音が出ない、息が苦しそう、あきらめかけていたのだがとうとう「楽《がく》」と言う長くて難しい曲まで進まれた。

「高峰秀子の謡曲」の項（120ページ）で、謡曲だけは俳優さんでも真似が難しいらしいと書いたが、謡曲の発声や音程は独特なので一通りの器用さではすぐには真似られないと言う事だと思う。あの発声が出来るようになるまでには時間がかかる。逆に言えば、じっくりお稽古しなければものにならない音楽なのかもしれない。これは不器用族向きですよ。

発声、音程がどうやら整っても今度は先に言った間《ま》の話がある。お能をご覧になって、謡曲の拍子に興味をもたれる方も多いと思う。客席で一二三と膝をうって、どうも合点がいかぬなと不思議そうなお顔をなさる方もあるが、それはそうです。謡曲の間はそんなに簡単ではないので。

もう一つ、謡いがなく笛と打楽器だけで奏し舞う部分、「中の舞」とか「男舞」、あれを各パートがバラバラにならずに合うと言うのも大変な事なので、と言うのは前に立ってタクトを振る指揮者がいないからで。我々囃子方は横一列に並んで互いに相手が見えず演奏している。あれは相手を聞いて合わせようとしたら気合が抜けてしまう、一人勝手にやれば外れてしまう。良く間が合うものですねと感心されて、まぁ剣道の試合みたいなもので相手の気合を計ってですなどと、これは以前にも書いた事だけれど訳のわかったような分からぬような返事をする。

意地の悪い事を言うけれど、お囃子一曲をお素人だけでやってごらんなさい、まずガタガタになってしまう。小鼓は小鼓、笛は笛、それぞれ教わった通り演奏し別に間違った事をなさっているのではないのだが。

謡曲でも囃子でも総じて能楽に係わる事は、ちょっとした器用ではその真髄に触れる事は出来ない、と言ったら言い過ぎだろうか。世の不器用諸氏、うまずたゆまず何よりも途中で諦めぬ事、必ず成果が出ます。そして途中でやめてしまった人と違って能楽の何たるかが、たとえおぼろげにでも必ず見えてきます。ましてや器用な人は器用におぼれない限り、もっと早く同じ境地に達する事が出来る、と思いますよ。

怖いということ

「家で練習している時は調子いいんですがねぇ、先生の前に出るとどうも固くなっちまう」ぼやくお弟子さんが私より年上で人生経験豊富な方だったりして、私はすっかり恐縮してしまう。前に出て固くなる程威厳のある先生では決してない。

私自身散々経験して来た事だが、家で気楽に吹いている時と舞台では同じ笛が別人？のごとくなる事が間々ある。吹き方に変わりはないつもりでも知らず知らず唇や指が緊張しているらしい。これは何の商売でも同じと思うのだが、プロ野球でもブルペンで絶好調だった投手が本番ではさっぱり、などとテレビで嘆いている。亡くなられた師匠はめったに訓話めいた事を言われぬ方だったがある時「家で吹いているのと舞台で全然調子の違う事があるよ、鏡の間のお調べで良いと思って出ていったらまるっきり違う事もあるし」とポツリと言われた事があった。大先生でもそんな事があるのか、とその時は全く分からなかった。

冒頭のお弟子さんの話に戻るがその時私は思わず「怖いって事が分かって来たんでしょう」と言ってしまい、相手の方は私より先輩の戦場や人生の修羅場をくぐって来られた方だったから言った途端、しまったと思ったことだった。

だが、こう言う事は言える。私達も舞台に出る時は大変な緊張である。その緊張の極限でどれだけ普段培った力をお見せ出来るかと言う、私達のやっている事は所詮ここに尽きると言っても過言ではない。

お素人でも発表会などで舞台にお出になると、御趣味とは言ってもかなり緊張なさるでしょう。それは当然でそれで宜しいのです。舞台度胸が良いなんて言うのは本当は無神経の怖いもの知らず、と言ったら言い過ぎだろうか。舞台は怖いです。その中でどれだけ耐えられるかと言うのがお稽古事の究極と言って良いので。

昔、日本海軍は猛訓練をもって鳴り、「訓練は実戦のごとく、実戦は訓練のごとく」と言う名言が遺された。

おそらく色々な人生経験を経て来た方はこの言葉に共感を覚えるに違いない。だが私の拙《つたな》い人生を顧みてもこの言葉はその人の場数の踏み方の程度で随分と感じ取り方が違って来ると思う。そして訓練のごとく実戦を戦えたらこれはまさに名人級、百戦百勝であろう。第一に稽古量。「必勝の信念は必死の訓練より生ず」どうも軍国調でいかん。練習が十分でなければ本番での成果は覚束《おぼつか》ない。スポーツゲームと同じ。緊張感に耐える気力も練習量と経験がものを言う。そしてカチカチになりながらもどうやら大過なく一番を勤めあげられたら、玄人素人を問わずこの喜びと満足感は何物にも代え難い。

ところが世には逆の人が稀にいる。お素人だけれど大変な勉強家で四拍子も詳しい、拍子謡いもお出来になる。それは良いのだけれどこれだけでご自分をプロ級とお思いになってはいけない。玄人はだしと言う言葉があるけれど失礼ながら、上手下手とは別に何業につけプロとアマは今一つ違うものがあるようで、皆様もそれぞれのご専門で活躍しておられるから良く実感なさって頂けると思う。

これは大学の謡曲部などにある例だが、勉強の専門家だから覚えが良い、拍子の研究もなさる、ところがそれが昂じて、これは何十年も前の話だがある大学で学生だけで『松風』の能を演ずると言う企画がなされ、これを聞かれた大鼓の故瀬尾乃武先生が「やりゃあいいってもんじゃねぇよ、いけねぇっす」得意の口癖で怒られたのを覚えている。

これもある大学の茶道部の話、合宿に同行した師匠の前で先輩が後輩に教えているのが間違っている。その場で注意すると先輩学生の面目がつぶれるのでどうにも困りました、と茶道の師匠の述懐。

大学まで進まれる方はオツムも良いし気も強いから私なんぞがとても出る幕ではないが、

師匠と言うのはお弟子さんの技量の進み具合、芸の理解度などを良くみておられる、そして次の会にはこの曲はいかがでしょう、とおっしゃるので、師匠に伺わずに番組を決めたり、講釈などなさってはいけない。でも、この例は若さのせい、年齢がいってそれぞれのご専門の道に深く進まれた時、専門の怖さを悟られる事でしょう。

まあ御趣味でなさっている事で余り固くなられるのもどうかと思うし、猛練習をしろなどと脅かしたけれど、それぞれ一日お仕事や家事をなさってからお稽古においでになればもう疲労だけでも大変。許される範囲で努力なさる事です。でもご趣味といえども、あの舞台での切迫感、こんな筈ではなかったと言う悔しさと今度こそはと言う意気込みでまずまずの出来だった時の充実感は、これこそ稽古の醍醐味。見ててよかった思いッきりテレビ、と言うのがはやっているが、やってて良かったお稽古事、と言うのも実感じゃないでしょうか。

長い坂

何か旨いものでも残っておらんじゃろかと冷蔵庫をのぞいていたら、うちの婆さんがそばによって来て「抱いてちょうだい」と言う。一瞬血が凍りつき聞き返すと「どいてちょうだい」と言ったのだ。驚いた。

もっと驚いたのは、これが現実だったのか何かの笑い話で読んだのだったのか判然としない、夢と現実の境目がなくなって来た。

極端に耳が遠くなった。抜群の視力を誇った目は霞み鼻はぐずぐず、頭が悪くて口が悪くて首から上は要らない。

私だってもともとからこんなではなかった。早生まれで同期では常に最若手を誇り、物覚えが良い（つもり）理解力が早い（つもり）笛でも訳分からずに力まかせに吹きまくっていた。

それが六十をいくつか過ぎた時から急速にガタガタと息力を始め体力が衰えて来た。一息で吹けると思った小節が息がひけない。家で稽古している時は何でもなく出る音が舞台では出ない。お鼓でもお謡いでも同じだと思うが、普段の息と舞台で使う息は違うらしい、こんな事を年とってから気が付く。

老年になれば人間としてのあらゆる機能と力が弱る、だが、これで落ち込んではいけない。残念だがこれを「当然の事」と受け止め、練習法も舞台での吹き方も年相応の工夫をせねばならぬ。まず練習量、私の場合変にクソまじめな所があってやたら家で稽古をした。年とってそれをやったら舞台で目が回ってしまった。効率良くクレバーな練習法を考えなければいけない。そして「安き所を少な少な」と演じてどうやら一曲を勤め上げたら「これ、まのあたり老骨に残りし花の證據《しょうこ》なり」

これはご趣味の方にも言える事だと思う。お若い時からお稽古をなさっている方、お年を召してから始められた方、それぞれ昔に比べれば記憶力は鈍り体は動かなくなり、不本意な事が多くなられると思う。はっきり申し上げて、細事にこだわらずなさる事です。先生はうまくお出来になる様色々言われるが、それをうまく受け止めお素人なりにマイペースで、年齢体力に応じたご自分の納得いく方法で、何よりも年をとったとお止めにならぬ事。

私も最近茶道なるもののお稽古を始めた。六十ならぬ七十の手習である。温和そうなご婦人の先生をお願いしたのだが、意外とお口が悪く、私が袱紗《ふくさ》をさばけば「雑巾しぼるんじゃありません」茶碗をムンズとつかむと「親の敵にめぐりあったよう」しゃくだがその通りなので、それよりも中々手順が覚えられない、うちの婆さんと二人そろってまごまごと赤ッ恥青ッ恥かき終わって先代金馬の「茶の湯」のテープなんぞかけてチッキショーッ。しかし根気よくやれば絶対大丈夫、この世と別れるまでには必ずお茶会にも出てみせると焦らずやっている。

最近はやりの「生涯学習」と言う言葉、何か肩に力が入っているような感がないでもないが、まじめな話、人と言うものは年齢に拘《かか》わりなく死ぬまで勉強するものだと私は思う。ボケ防止だ老化対策だと理屈を付けない方が宜しい。人間生まれて来たのとこの世を去るのは自分の意志ではないが、その間の一生と言うのは自分の自由である。そうしたらその間に少しでも多く何でも見たり聞いたり覚えたりと言うのは楽しいじゃないですか。ボケッと酒飲むのも楽しいけれど。

「人の一生は重荷を負うて遠き道を行くがごとし」と徳川家康は言ったそうだが、私に言わせれば、人の一生は「重い荷車をひいて坂道を上がって行く」ようなものだ。上がろうとする努力を怠ると現状維持どころかズルズル下がってしまう。松屋筆記にも「手習は坂に車を押す如し」

気ながに、と上に上がる努力、とは背反的だから辛い面もあるが、なるべく肩の力を抜いて（中々抜けないけれど）うまずたゆまず前に進みましょう、さりげなく。

さりげなく深夜目が覚め、隣の猫部屋でプゥちゃんが何やら騒いでいる。耳をすますと猫語で「テレビ見たいよう」一緒に食堂に降り、この深夜テレビと言うのは若い男女が馬鹿騒ぎをしてこれ程つまらぬものはないと思うのだが、プゥちゃんは手をたたいてゲラゲラ笑い（猫だって笑うのだ）人間の年齢で言えば私とほぼ同年、親兄弟に先立たれてひとり、凡俗の人間よりはよほど淡々と生きている。私は缶ビールをちびちびと。近ごろ良くない癖だと思うのだが夜中に目覚めると眠り薬にビールを少々かたむける。枕元に本をおいて読む事もある、と言ってヒルティの『眠られぬ夜のために』なんぞではない。池波正太郎、藤沢周平、平岩弓枝の『御宿かわせみ』も良いねぇ。

何やら腕が重いなと目をあけるとあんなにテレビを見たがっていたプゥちゃんが私の腕にコテンともたれてスヤスヤ、私もウトウト、老人ホームの冬の夜。

清経・恋之音取

「恋之音取《こいのねとり》」流儀によっては「音取」金剛流のみ「披講《ひこう》」「清経」の有名な小書（特殊演出）で、笛方にとっては非常に重い曲である。

これは笛の独奏とシテの出との「掛け合い」である。非常に特徴的なことは、空白の間、何にも吹かないで静にしている間が多いと言う事である。

地謡の終わりの「枕や恋を知らすらん」を調子を低くして謡う、「メラス」と言うのだが、これをうけて笛が音取の曲の独奏を始める。ご覧になったことのない方のために一応解説をつけるが、「手向けかえして」の謡の中に笛方は膝行して地謡座の前に幕の方を向いて座る。こんなのは音取だけである。

清経の亡霊が笛の音に惹かれて現れると言う設定なのでこの様な演出をしたのだと思う。笛は短い小節を吹いて、かなり長い間隔をあける。この間、私共の流儀では笛をおろさない。構えたままである。この、間《ま》の取り方には口伝があって恣意的に間をあけている訳ではない。が、最近気が付いたのだが、昔の私の先生のテープを聞くと教わったのよりもどうも長いような気がする。そして、それがまた私には非常に良い間に聞こえるのである。現に、喜多流の方とお相手した時、「どうも先生のテープもあなたのも間が長いように思う」と言われた事があった。ある若い方の音取の後見をした時、どうも間が詰まって面白くないな、と感じた事があった。これは、あくまで私個人の感じ取り方である。

さて『道成寺』の乱拍子の小鼓、『清経』の音取の笛、この空白の間なるものを客席側はどう受け止めているのか。前者は裂《れっ》ぱくの気合の間、後者は哀愁の余韻の間とでも言うべきか。鼓の方は私の専門外なのでここでは措くとして、音取と言うのは笛がシテをひき出すのだ、と言われる。とすれば笛方にもシテ方にもそれだけの力量と感性が必要となる。

これは、六平太芸談に出て来る話だが、明治時代、当時の宝生九郎氏の音取の時、笛方の森本登喜が、今日こそはおれの笛でシテをうまく引き出してやろう、と待ち構えていたが、シテの足がちっとも音取になっていない、しゃくにもさわるし残念でもあったが仕方なく後を吹いてしまったが、さていよいよ「うたた寝に」とシテが謡い出したのを聞くと「そのうまさと言ったらどうもなんとも言えなかった、さすがのおれもギャフンと参った」

どうも、ありがちな名人伝説と言う感がしないでもないが、もう一つこんな話もある。数十年前、週刊誌にこれも先代六平太先生のお話が連載され、その中で音取の話があった。

舞台の後でシテと料亭に上がり、どうもさっきのあそこんとこはうまくねえな、なにをっなんぞと口論になり、音取の唱歌（譜）を、ヒウイヤヒウヒャー　フーターウタウなどと二人で口をとんがらせてやるので、この笛の唱歌と言うのは知らぬ人が聞くと奇妙《きみょう》奇《き》天烈《てれつ》なものなので仲居さんがびっくりしたと言う。

私は名人ではないので凡人の目から語りたい。私は自分の笛で見事にシテを引き出してご覧にいれる、と思った事はない。ただ大事の曲であるから申し合わせと称する舞台稽古を何回かする。ここところの小節を続けて吹いて下さいませんか、と言う注文がある時もある、この譜一杯にここまで歩みますからタップリ願います、などと言う事もある。これはこれで良い。但し本番になったらシテの動きを見て合わせて吹くと言う事はしない。それでは気合が抜けてしまう。私は申し合わせ通りやっている。そちらはそちらでどうぞ、と言う気である。

話は戻る。これはシテと笛方との勝負である、なんぞと息巻いてはいけない。まぁ勝負と言えば舞台すべて勝負なのだけれど、お客様に見て聞いて感じ取っていただきたいものがある。この曲は能管だけに通用する名曲だと思う。能管だけの、と言うのはこの単純素朴な音色を持つエアリード楽器にしてなし得る吹奏と思うからで、あり得ない奇妙な例えだが、オーボエ、ファゴット、あるいは篳篥《ひちりき》といったダブルリード楽器だったらとてもこの小書の効果は出し得ない。むしろ妨げとなるだろう。能管の特色を見事に生かした演出である。以前私の友人が音取を観に来た。能は二、三回しかみたことのない男だったが、あれは間《ま》と音色だね、と言った。私の心構えを言えば、まさにその通りである。小節間の空白の間の取り方、雑音を交えないピンと張り詰めた音色、「恋」の言葉につられて嫋々となってはいけない。力強く美しく音が一本の強靭なピアノ線のようにシテと客席に伝わってほしい。

そしてこの場面ではお客様は別に肩に力を入れて両手を握り締めなくて宜しいので、ただ静かにそれぞれのお気持で笛の音とシテの歩みとにお耳と目をおとめ下さい。

戦争末期から終戦、復興へ

ここからは、戦争末期から戦後にかけての混乱と復興を、私自身の事を含め書かせて頂いた。

突然　呆然　暗然

昭和二十年五月二十五日夜、前夜に引き続いて東京山手方面の空襲があった。山手と言っても原宿から渋谷、新宿の方が爆撃され中野は何事もなかった。深夜、もう翌日になるか、と言う時突然爆撃機が一機、忘れもしない、南向きの我が家のやや南を南西から北東に向かい飛んできた。夜目にも黒々と四基の発動機まではっきり見える、敵ながら堂々と風格ある巨体が悠然と飛び、見上げている中に突然、パッと何かが閃いたと思ったら何百と言う火の玉が不気味な音と共にゆらゆらと落ちて来た。それが着地した時のその轟然たる音は筆舌に尽くし難い、この世の終わりかと思うような音だった。投下された油脂焼夷弾のパックが空中ではじけ何百発かになって落下したのだ。アット言う間もない、一瞬にして辺りは火の海、その時わが家族はボンヤリ庭に立っていた。苦心して掘った防空壕も役立たず。母がオトウサンオトウサン、と叫びながら何かを引っ張っている。私が振り返ると、あけっ放しの長廊下の向うの座敷の床の間が燃えている。咄嗟《とっさ》に駆け上がり棒雑巾で思い切り叩いた。母もとんで来て一緒に叩いた。幸運なことに屋内に落ちたのはこの一発で、これは無事消したが外は火の海である。「お母さん早く逃げなきゃ」私は廊下から飛び降りたが、母は何やらウロウロしている。外から上がる時ご丁寧に草履を脱いで、それが見つからぬのだ。何しろ昔、梨本宮家の女官だったせいか何とも礼儀正しい。それどころじゃないよ、と私は手を引っ張って逃げた。さっさ母が引っ張っていたのは父のリュックサックでブスブス燃えていたが庭の真中だからそのままにして道路に出た。右に出れば二軒先が南北の道路で、北へ逃げればもう一面の原ッパである。それが二軒先に行くまでもう煙にまかれどうにもならぬ。火は勿論だが煙と言うのはバカにならぬ、目があけられぬ、鼻に入って呼吸ができぬ、吸い込んだら最後咳き込んで息が止まる。ようやく北へ行く道に出、どうやら原ッパに辿り着くと、先に父と姉がいるのにめぐり合った。やあ、無事だったか、と父は喜んだ、私も泣いて喜んだ。何だ、荷物放り出して先に逃げたのに、と後になって腹がたったが、怪我一つなく家族全員無事だったのは実に奇跡だった。あの油脂焼夷弾と言うのは中に油が一杯詰まっていて、これが破裂するとベトベトの油が燃えながら飛び散り落下してくる。からだや衣服に着けばもう手で払っても取れるものではない。人は泣き叫びながら転げ回り、やがて死ぬ。助けようとその人に触るとたちまち火が移ってその人も火だるまになり焼け死ぬ。極めて非人道的な殺人道具だが（人道的殺人なんてないが）戦争末期には相手もなりふり構わず、いかにして短期で敵国人を大勢殺すか、と言う非情な技術が先行し、遂に原子爆弾でケリがつくことになる。

話が戻るが敵機も去り、夜がしらじらと明け、おそるおそる戻ってみると、何と我が家が平然と残っている。向いは丸焼け、東隣も丸焼け、私の家を角にして西側、北側は全く焼け残った。爆撃機が南西から北東に飛んだ為であろう。奇跡である。私の家も西隣の速水さん（後年の日銀総裁）も広い庭が南側で、大きな樹木、生け垣などが火の粉を防いだのだろう。その代わり我が家は生け垣は丸焼け、椎の大木が対になってあった、その一本が燃えてしまった。身代わりになってくれたと思っている。

それから暫時は焼け出されたご近所の方々をお泊めしたりお世話をしたりで息つく暇もなかったが、その中でこんな事があった。私の斜め向いに陸軍大学出の参謀少佐が住んでいた。少佐と言ってもまだ若く新婚早々だった。奥さんも美人で愛想が良く、我が家では風呂を湧かすと、時々どうぞ入りに来て下さい、とお招きした。その頃は水も薪も乏しく中々風呂に入れず、隣組同士でこんな助け合いをやっていた。その奥さんは「お陰様でお風呂に入れます」とにこにこ入りに来てくれた。その家の焼跡から何と、焼けた米、塩、砂糖等々が続々と出て来たのだ。さすがに身を恥じたのか、二度とその夫婦は現れなかった。でも私の家の者も近所の人達も絶対にこんな話はしなかった。話した事が特別高等警察か憲兵隊に知れたら……この二つは怖かった。

それからの私達一家を含め、日本の民衆は、終戦をはさんで悲惨そのものの数年をたどるのだが、私はこの七十数年前のことを今も忘れぬ。そして息絶える前に語っておきたいのだ。

買ってくるぞと勇ましく

昭和二十年八月十五日、ようやく戦争が終わった。「ようやく」と言う言葉は全く実感だった。満州事変に始まり、中国大陸の戦を経て最後第二次世界大戦に突入し、逃げ場の無い泥沼に国民は追い込まれ、死ぬのを待つばかりだったと言っても良い。降伏したらアメリカ兵に殺される、女性は乱暴される、散々脅かされて最初は怖かったがもう死を目前にすると怖いもの無し、本当です。現れた米兵は全く紳士的で拍子抜けだったが食べ物がないのは変わらない。配給されるものだけでは腹は膨れない。人々は闇米と言う非正規ルートの米などを得るのに苦労し、政府はひたすらこれを取り締まった。戦時中の「勝ってくるぞと勇ましく」と言う歌をもじって「買ってくるぞと勇ましく」と歌ったのが自嘲的自虐的だった。

ツテを頼り中学三年生の私は一人伊勢崎辺まで行き、ようやく少々の米を求め、さて駅まで来ると警官が見回りに来た。大人達は一斉にいなくなったが私は敢然《かんぜん》として（と自分では力んでいた）動かず、当然交番へ連行されお定まりの説教をされたが、これが無ければ死んでしまうと強硬に主張し結局始末書なるものを書かされ、私は書きながら泣いた。お巡りさんも泣いた。不思議なのは肝腎の結末で、お巡りさんは泣いて見逃してくれたのか、泣きながらも職務を全うしたのか忘れてしまった。おそらくハッピーエンドだったと今も信じている。帰りの電車は現在の人では想像もつかないような凄まじい有様だった。網棚の上の最小の空間に身を縮める人、人の頭を踏んで窓から出入りする人、ようやく北千住駅に降りた時は朦朧としていた。駅の階段で若い女性が立ちすくんでいる。モンペ姿の下半身がビショビショ、足許に水が溜まっている。我慢に我慢を重ねてやっと階段まで来て耐えかねたのだろう、可哀そうで可哀そうで、人々は目をそらして足早に通り過ぎ、私はまたも泣いた。しかし今頃あの女性はどうしているだろう等と考えることは無い、感傷などどこかへおき忘れ次々起こる難関を次々突破するばかりだった。当時、闇米を絶対食せず餓死した検事さんがおられ、その清廉さが話題となったが、この方は配給の食糧だけでは絶対生きていけない事を身をもって主張されたのだと思う。しかし、為政者としてはどうする事も出来ない、戦中から戦後にかけての理不尽の時代だった。

永年の統制経済で凍結されていた物価は一気にはじけた。急速なインフレ、それに対する対策は昭和二十年末から始まった。モラトリアムとは猶予、延引と言った意味だが、この言葉を使って政府が実行したのは完全な預金封鎖だった。自分の預金が自由に下ろせない、厳しい統制がしかれ、一方新円発行は間に合わず旧紙幣に証紙を貼って代用した。この証紙なるものが糊もない切手の半分ぐらいの紙になけなしの飯粒で貼って、それがすぐに剥がれて見えなくなり、家族全員で血まなこになって家中探し周り、笑うに笑えぬ有様だった。

当然と言っても良いだろう、一時的とは言っても貨幣経済はその機能を後退し闇米買いも物々交換が行われた。女性の振袖の晴着一着で米が何升などと取沙汰され、女性にとっては何物にも替え難い晴着を泣く泣く手放し、でも食べなければ着物も着れやしない。衣食住、と言う人にとっての生活必需品の順番を、私達は身に沁みてと言うより生死をかけて感じ取った。

こんな中で私達はともかく中学に通い、私は昭和十九年四月に都立五中に入ったのだが、その後は空襲が始まり、小学生は集団疎開と言う、親から離れ児童と教師のみで、全く知らない土地に行かされ学校に通わされた。私達といえば勉強がどうやら出来たのは束の間、空襲が始まって小石川駕籠町の校舎は丸焼け、集団疎開で空き家になった小学校に移り、勉強どころではなく、勤労動員で上級生は工場へ、我々は焼跡整理へと、腹を減らして働いていた。校舎はと言えば、戦争が終わって駕籠町の小学校は追いだされ、板橋の元陸軍造兵廠のバラックのような建物に、最後ようやく伝通院の小石川工業高校の校舎に転がり込んで、ここで卒業を迎えることになる。まさに流転の中学時代、授業もろくになく焼跡をうろついていた二年程のブランクをとり戻し、更に進まねばならぬ。飢えに耐え教科書も不足、最悪の条件で私達は本当に頑張った。

人生の転機

私事になるが話の順序でご容赦お願いしたい。旧制中学四年から新制高校二年へ、そして大学受験、先述の通り戦争末期から戦後の混乱期に掛けてさっぱり勉強していない。特に私は二十年七月、父の会社の本社が新潟の工場に疎開移転することになりついて行き、行った途端終戦となりまた戻る、と言う騒ぎでその間学校を休んでしまった。帰ってみれば校舎は焼けたまま、板橋の陸軍造兵廠跡の建物に黒板と机椅子をおき授業を始めた。その時から大学受験の時期までは自分で思い出してもまさに凄かった。教科書も生徒の数だけがようやく、疎開先から帰った私は同期生のを借りて徹夜で写した。翌日までに返さねばその友人が授業に困る。忘れもしない、その時母は一緒に書写を手伝ってくれた。「中々勉強になるね」と。そこから始まって大学受験の時期までが、それまでで一番勉強に打ち込んだ時だった。徹夜は何日続いても何とか頑張れる。何しろ連夜のボーイングの猛爆撃をかわして生き残った私だ、徹夜で勉強するなど我慢出来る。爆弾は落ちてこない。逃げる必要が無い。本を読むだけだもの。

昭和二十三年四月学制改革で、私達は旧制中学四年から新制高校二年となり、昭和二十五年春、どうやら東大に合格した。旧制帝国大学が新制東大に、そして旧制一高が東大教養学部になった一期生である。後年、受験生をもつお母さんだろうか、先生は東大ストレートだそうですが、塾に行かれましたか、家庭教師をつけられましたか。私は驚いた。「私が受験を志したのは戦争が終わって何年もたっていない、塾も家庭教師もこの世にありませんでした」その人は理解できないという顔で、やがて「あっ、それでは独学ですか」言われてみればそんなものかもしれぬ。私は国文科に行きたかったので、当時は文二と言うのを受け、そこに入った。旧制一高の教授の守随憲治先生、市古貞次先生などがおられ、講義が楽しかった。その頃である。私はある時突如、笛を吹いてみたいな、と思ったのだ。いまだになぜだか分からない。両親は謡曲を趣味にしていたが、能の笛は全く関係ない。旧一高敷地に柏陰舎と言う和室の建物があり、茶道等日本的な稽古事の場所に笛の先生が見える、と言う。聞くと雅楽の笛だと、何でも良いやと御稽古日にそこへ行ったが、さっぱりその先生が現れない、そのうち隣の部屋で何やら笛の音が聞こえ出した。あれは何だ、と尋ねたら「御能の笛だ」と言う。それなら私の両親も謡をやっている、ちょうど良いや、とその部屋に入っていった。

笛の御稽古を受けておられるのは国文の岸辺成雄教授で、君、一緒に御稽古を始めたまえ、とおっしゃって下さった。これが森田流能管の寺井政数先生との最初の出会いであった。この先生に長くお世話になり、一生を能の笛に打ち込むことになろうとはその時夢にも思わぬことだった。能の笛は中々音さえ出ないものだが、殊に私は不器用で半年ぐらい音が出なかったと思う。我慢強いと言うより何とか音が出るように、とただそれだけの一心でやり続けた。すうすうとそればかりのところに、たまにピッピッと単発的に音がするようになり、それが少しづつ引けるようになってきた。何年か後、先生がヒョイと一言「お前はもう駄目かと思ったよ」と言われた。先生の方もよく辛抱して下さったものだ。先生のご子息、基晃氏は笛でなくシテ方の稽古をされ、銕仙会の観世寿夫先生に師事しておられた。昭和二十八年十一月八日（日）銕仙会トメで『殺生石』を舞われたのが初シテではなかったろうか。この時、後シテで台から飛び降りた時勢い余ってツルッとすべられ、ハッとしたがそのまま無事舞われた。その次は昭和三十年五月十三日（金）銕仙会初番で若松宏充氏と『小袖曽我』を舞われた。この時は昭和二十九年六月に完成した観世能楽堂での舞台だった。だがその年八月十二日、基晃氏は実に意外な原因で急逝された。『能楽タイムズ』十月号記事を引用させて頂く。「笛方寺井政数氏長男基晃氏は……幼時から観世寿夫氏につきシテ方としての稽古を励み……同会の大切なメンバーであったが……蓄膿症手術の際、注射のショックで逝去された。あまりの突然のこと故、父君政数氏も師寿夫氏も茫然とされたが、今後の観世流内にて……将来嘱望されていただけに、全く残念である。謹んで哀悼の意を表する」当時話題になり始めていたペニシリンショックであった。この時の寺井先生ご夫妻のお嘆きは今も忘れない。まだ法政大学学生であられた。

私の方は、と言えば私にもショッキングな出来事があった。教養学部二年の後、専門学部へ進学の時期が来た。父は「文学では喰えない、経済へ行け」と言い出した（文二から経済へ進学出来る特例があったのだ）。私の悩みは一通りのものではなかった。今思えば現実的な事を後回しにした文学青年的意識がぬけていなかったかもしれぬが何と言っても明治天皇の教育勅語で育った精神構造は大きかった。結局私は親の言う通り経済に転科する事になるのだが、これが私を「笛方」に走らせた一つの起爆剤になったのかもしれない、と後年思ったことである。

能楽の復興

昭和二十年に入り、八月十五日の終戦までにアメリカ空軍の爆撃は熾烈を極め、東京の能楽堂も殆ど焼失した。残ったのは、駒込の染井能楽堂、杉並の山本東次郎氏舞台、靖國神社、そして多摩川園の奥、小高い丘の上にあった能楽堂、個人的な話になるがここは非常に懐かしい。昭和十年代前半、まだ米国との戦いが始まらぬ頃、私は母に連れられてここへよく行った。母が素謡だ、仕舞だ、とやっている時に私は一人で大きな滑り台やらブランコに乗って遊んでいた。

さて、戦争で停止状態を余儀なくされた能楽界も終戦と共に復活の兆しをみせ始めた。いち早く靖国神社に居をおいた能楽協会雑誌部は昭和二十二年から『能』なる小冊子を刊行、それによれば、当時はまだ各流単独の催しが困難だったらしく、昭和二十二年七月廿日（日）能楽協会主催定式能として、櫻間金太郎（原文では朗）『鐵輪』武田喜男『三井寺』観世銕之丞『玄象』が染井で行なわれている。さらに八月十七日（日）には高橋進『八島』梅若六之丞『千手』浅見真健『烏帽子折』があり、各流が力を合わせて催しを再開し、戦争の痛手を乗り越えて能楽を復活させようとする苦しくも希望に満ちた努力が始まっていた。一方、能楽堂は宝生流の水道橋が昭和二十五年再開、矢来能楽堂が二十七年、観世会館は二十九年六月に、当時の『能楽タイムズ』の記事を引用すれば「三年の期間と、八千万円の工費をかけて」待望の観世会館が完成した。それまで観世流各会は、例えば、銕仙会は多摩川の能楽堂で日曜の三時からここで行われ、母とともによく行った。前述の寺井基晃氏『殺生石』もここだった。すぐ前が広場で、殊に秋にはどこかの会社の運動会が行われ、ドーンと号砲が、ワーッと歓声が、すぐ前で、「序の舞」の最中で、いやもう今考えればとんでもないことだが、お客様はそれでも、御能を見られたと言う満足感で帰途につくのだった。

さて待望の観世会館完成だが、以下能楽タイムズ昭和二十九年六月一日号を引用させて頂く。

二十六日竣工式祝賀宴、二十七日から祝賀能、午前の翁が観世元正師、午後が片山九郎右衛門師以下八日間、『翁』と『高砂』他で流内主だった方々の演能が続いている。さらに同『能楽タイムズ』の記事が続く。ヨーロッパへの演能派遣団が喜多流喜多実師、後藤得三師、観世流観世喜之師、寿夫師を中心に、更に囃子方では寺井政数、幸祥光、安福春雄、観世元信の諸師が加わり、準備会が開かれるとの記事もあり、まさに戦後の能楽は完全に復興したといえよう。

レットーチンガーハッピーチョン

またちょっと終戦直後の話に戻りたい。生まれた時から軍国主義の教育を叩き込まれた私達にとっては、全くちがう民主主義社会が突然やって来たのだ。実にとまどったがやはり「自由」は良い。それに爆弾も落ちて来ない、逃げる事も死ぬ事もない、それだけで十分だった。人間とは不思議なものだ、軍事政権の重圧から開放されたと同時に、食べ物やら住まいが不自由でも人々は自分の意思通り生活し楽しみ娯楽を求める、こんな普通の事が出来るのがこの上無く嬉しかった。今の人々には分からないでしょう、当たり前の事だもの。私達の居住地からすると、この自由は新宿からだった。駅前には尾津マートと言う市場が出来、お金は不自由で品物も満足とはいえなくても私達は「買物をする」気分を味わうことが出来た。そして新宿には映画館が次々と復活し人々は争って映画館に飛び込んだ。私も姉と共に映画館のハシゴをした。洋画がたくさん入って来た。うっすらとした記憶だが、『この虫十万ドル』ケイリー・グラントだったか、「踊る毛虫」を売り物に客を集めると言う話で、肝心の「虫」が最後まで画面に出て来ない、トボけた演出だった。『ラインの監視』これは反ナチス運動を題材として、ベティ・デイビスが出演していたと思う。
不思議です、腹ペコなのに映画館に飛び込んで笑ったり泣いたり。空腹を紛《まぎ》らす、なんて理屈っぽく説明をつける事はない、自分達の生活が突然「普通」に戻ってきた、その喜びだったと思う。さてこうなると外人がどんどんやって来る。ラジオも流暢な発音で「WVTR」なんて言われると（これは主に米兵向けの英語放送だった）一般の英語熱も高まり、一気に人気を博したのはNHKの英会話教室、ご記憶の方も多いでしょう、平川唯一と言うアナウンサーが教師でこのテーマソングが
Come come everybody

How do you do,and how are you?
Won't you have some candy
one and two and three four five
Let's all sing a happy song
Sing tra-la la la la

これを「証城寺の狸囃子」のメロディで歌うのです。それで平川さんはカムカムおじさんの愛称で呼ばれ一躍人気者、番組はトップ聴取率だったと思う。我が家の近所の幼い女の子が歌詞の最後のところを「レットーチンガーハッピーチョン　チンタラララー」と歌い、皆大笑いした。苦しい生活の中で、今も忘れぬほのぼのとした思い出である。このカムカムおじさん、平川さんは、岡山生まれ、小学校卒業後十六歳、英語も知らずに渡米、工夫、商店員などをして高校に通い、最後ワシントン大学演劇科を首席で卒業されたと聞く。お辛かったろうと思うが、少年時代の苦労と辛抱の経験が生かされたのか、昭和十一年日本放送協会アナウンサー、同二十一年二月、午後六時からの英会話講座を担当されたのが前述の通りの大人気を博し、苦労が実って幸せに九十一歳の生涯を閉じられた。

塞翁が馬

前にも書いた通り、私は小さい頃から本が好きで、その内大きくなったら文学を専攻しようと思うようになった。今思えば若気の至りだったが、その頃はマジメなものである。戦後の混乱も納まらず混沌たる状態が続く中、私達は旧制中学四年から新制高校二年に編入され一年後に大学受験を迎えた。私は一も二も無く東大の文学部を目指し、文二に合格した。

その後の事は前にも書いた。合格した時は大喜びしていた父が二年経って専門学部に進む時、経済学部へ進め、と言い出した。大人の、そして親の発想としては無理ならぬ事と今では思うが、まだ現実を見つめる頭には一歩手前だった私は悩んだ。結局、親の言う通りにしたのは、やはり戦前の「父母に孝に」の教育の結果だった。

卒業が迫った時、私はある電鉄会社の試験に合格した。ここなら東京を離れず、笛の稽古が出来る、と言う常人では考えられぬ発想である。所が父は「自分が働いていた会社に行け」と言い出した。そこまで指図は受けないよ、と私は頑張ったが、またも明治人の強引さに負けてしまった。そこはこれも大きい化学会社で、入ると課長が「中谷さん御自慢の息子さんです」と課員に紹介した。ははぁ親父これだったのか、とようやく悟り。しかしこれはよほど気をつけないといかんぞ、と気をはったが、私は親を喜ばせる為、経済に進学し就職した、と言う気持ちが強かったから、今思うと社内でそんなにゴマスリ的気は使わなかった。あの親の子供だ、と言う社員達の目は十分感じていたし、私も悟られぬように他の人達の目を意識して振舞った。

この社員生活は凄く、その後の私の人生に役立った。人に対する思いやり、気配り、と言ったものを身につけたし、人の失敗にも目立つような対応はしない、自分も十分気をつける。人からやられ、言われたらいやな言動は自分も絶対しない、言わない。私はサラリーマンを経験して本当に良かった。あのまま文学部に行っていたら、能の世界に入っていたにしろ、学校の国文教師になっていたにしろ、ここまで人間関係の機微と難しさを会得していなかったと思う。

だから親の言に従って良かったと、本心思っている。禍《わざわい》転じて福と為す、では親の言いつけを「禍」と言ったことになる。人間万事塞翁《さいおう》が馬、と言いたい。人生の終盤に懸かり、私は本当に本当に、父親の弁に従って自分なりにこれをこなした。心ならずも、なんて言葉は思わない。

【初出一覧】

北米走り書	雑誌『観世』昭和六十一年（一九八六）八月号
スポーツの話	同、九月号
酒の話	同、十月号
愉快な仲間	同、十一月号
のどもと過ぎれば	同、十二月号
青春	同、昭和六十二年（一九八七）一月号
子猫物語	同、二月号
頑固商売	同、三月号
ローリング療法	同、四月号
ことばとまげ	同、五月号
消えゆく昔	同、六月号
おけらのためいき	同、七月号
中学時代	同、平成二年（一九九〇）一月号
旅行けば	同、二月号
暗い日曜日	同、三月号
ぼけたかな	同、四月号
正直な話	同、五月号

のどかなる　同、六月号
めしのたね　同、七月号
けち　同、八月号
しゃあくにさわって　同、九月号
似たような話　同、十月号
地球の裏側で　同、十一月号
人間のまなこ　同、十二月号
高峰秀子の謡曲　平成十年（一九九八）一月号
旅路の果て　同、二月号
さて女性諸君　同、三月号
笛のお稽古　同、四月号
ドレミの歌ではなく　同、五月号
お稽古の頃　同、六月号
失敗は成功の？　同、七月号
特攻隊員達の生と死　同、八月号
人さまざま　同、九月号
怖いということ　同、十月号
長い坂　同、十一月号
清経・恋之音取　同、十二月号

著者略歴

中谷　明（なかたに・あきら）
笛方森田流

昭和七年（一九三二）二月生まれ
昭和二十五年（一九五〇）寺井政数に入門
昭和二十八年（一九五三）六月　水道橋能楽堂の学生能『夜討曽我』（宝生流）で初舞台
昭和二十九年（一九五四）三月　東京大学経済学部卒業
昭和三十三年（一九五八）四月　能楽協会入会
七月　森田流職分免状を受ける
昭和三十六年（一九六一）四月『猩々乱』（シテ香川靖嗣）
昭和四十四年（一九六九）十月『石橋』（シテ津村禮次郎）
昭和四十七年（一九七二）二月『翁』（シテ喜多節世）
昭和五十一年（一九七六）三月『道成寺』（シテ木月孚行）
昭和五十六年（一九八一）七月『定家』（シテ観世栄夫）
昭和五十七年（一九八二）五月　重要無形文化財総合指定保持者
日本能楽会会員
七月『檜垣』（シテ金春信高）
昭和六十二年（一九八七）十二月『経政烏手』（シテ友枝喜久夫）
平成七年（一九九五）七月『檜垣乱拍子』（シテ橋岡久馬）
平成九年（一九九七）十月『姨捨弄月之舞』（シテ橋岡久馬）
平成三十一年（二〇一九）舞台生活六十六年を迎える

以上演能は原則として披キ、敬称略

笛廼舎閑話

ふえのやかんわ

2019年3月31日 発行

著者 中谷 明

発行者 檜 常正

発行所 株式会社 檜 書店

〒101-0052 東京都千代田区神田小川町2-1

☎ 03-3291-2488

FAX 03-3295-3554

http://www.hinoki-shoten.co.jp

装幀 澤田かおり＋葦田由美（トシキ・ファーブル）

印刷・製本 モリモト印刷株式会社

ISBN978-4-8279-1103-9 C0074 Printed in Japan